Viver no espírito de
**Francisco
de Assis**

Dados Internacionais de Catalogação na Publicação (CIP)
(Câmara Brasileira do Livro, SP, Brasil)

Delio, Ilia
    Viver no espírito de Francisco de Assis : o cântico da compaixão / Ilia Delio ; tradução de Leonardo A.R.T. dos Santos. – Petrópolis, RJ : Vozes, 2022.

Título original: Compassion
ISBN 978-65-5713-655-3

    1. Compaixão – Aspectos religiosos – Cristianismo 2. Francisco de Assis, Santo, 1181 ou 2-1226 I. Título.

22-116439   CDD-241.4

Índices para catálogo sistemático:
1. Compaixão : Cristianismo   241.4
Cibele Maria Dias – Bibliotecária – CRB-8/9427

ILIA DELIO

Viver no espírito de Francisco de Assis
O cântico da compaixão

Tradução de Leonardo A.R.T. dos Santos

Petrópolis

© 2011, Ilia Delio, O.S.F.

Tradução realizada a partir do original em inglês intitulado
Compassion – Living in the Spirit of St. Francis

Direitos de publicação em língua portuguesa – Brasil:
2022, Editora Vozes Ltda.
Rua Frei Luís, 100
25689-900 Petrópolis, RJ
www.vozes.com.br
Brasil

Todos os direitos reservados. Nenhuma parte desta obra poderá ser reproduzida ou transmitida por qualquer forma e/ou quaisquer meios (eletrônico ou mecânico, incluindo fotocópia e gravação) ou arquivada em qualquer sistema ou banco de dados sem permissão escrita da editora.

CONSELHO EDITORIAL

Diretor
Gilberto Gonçalves Garcia

Editores
Aline dos Santos Carneiro
Edrian Josué Pasini
Marilac Loraine Oleniki
Welder Lancieri Marchini

Conselheiros
Francisco Morás
Ludovico Garmus
Teobaldo Heidemann
Volney J. Berkenbrock

Secretário executivo
Leonardo A.R.T. dos Santos

Diagramação: Sheilandre Desenv. Gráfico
Revisão gráfica: Alessandra Karl
Capa: Editora Vozes

ISBN 978-65-5713-655-3 (Brasil)
ISBN 978-1-61636-162-4 (Estados Unidos)

Este livro foi composto e impresso pela Editora Vozes Ltda.

*Vá sozinho e longe de todos
os livros,
vá com seu próprio coração
para a tempestade dos
corações humanos
e veja se em algum lugar
dessa tempestade
há corações sangrando...*

Carl Sandburg, *Good
Morning, America*

Sumário

Introdução, 11

1 O mercado de troca, 15

2 O deserto do coração, 29

3 A geografia da alma, 41

4 Os pilares da pobreza e da humildade, 51

5 As sementes da compaixão, 65

6 Contemplação e compaixão, 83

7 O cântico da compaixão, 95

8 Ciberespaço e compaixão, 114

9 Comunidade, 128

10 Paixão, 140

Conclusão, 149

Oração de encerramento, 153

Sobre a autora, 155

Agradecimentos

Sou profundamente grata ao meu ex-aluno, Frei Harry Monaco, OFM, por sua amável ajuda com este livro. Sua disposição em ajudar, mesmo em meio a uma batalha contra o câncer, foi realmente admirável. Harry contribuiu com a primeira metade do livro enquanto o poder da quimioterapia consumia sua energia. A compaixão não era apenas uma ideia para Harry, mas uma realidade viva. Ele me contou sobre as muitas bênçãos que recebeu da equipe do hospital onde ficou por várias semanas. Experimentou a compaixão em diferentes cores, culturas, religiões e profissões, e o que surpreendeu Harry foi que cada pessoa compassiva falava a mesma linguagem do amor.

Ao Harry e a todos aqueles que lutam contra a doença, dedico este livro.

Introdução

Estou sentada no Aeroporto Internacional de Denver tomando café em um McDonald's localizado em uma das principais praças de alimentação do terminal. Reflito sobre o significado da compaixão enquanto vejo inúmeras pessoas passarem, cada uma com seu próprio destino, conhecido apenas por alguns, quando há quem ocupe esse lugar. Fico maravilhada com cada face, cada uma única e expressiva, cada pessoa pertencendo a alguém e a algo. A pessoa humana é um miniuniverso, cada qual com seu próprio Big Bang marcando o início de sua história e caminhando para um futuro criado simplesmente por estar viva. Mas, estranhamente, ninguém está olhando para ninguém, ou se estão, como eu, o fazem furtivamente para não serem notados.

A prevalência do anonimato marca nossa cultura atual; daí o desejo de algumas pessoas serem identificadas por roupas, tatuagens ou cortes de cabelo. Estamos conectados na internet, em nossos Androids, iPhones e monitores; mas, cara a cara, somos como estátuas de mármore. O que nos mantém tão juntos e, ao mesmo tempo, separados? Por que temos medo de nos relacionarmos humanamente com os outros? Estou sentada dentro de um McDonald's. Tenho plena consciência do papel dessa corporação na industrialização de alimentos e seu uso de elementos sintéticos para criar produtos alimentícios de consumo. O McDonald's tipifica a desconexão radical na economia alimentar; humanos desconectados da economia alimentar são também desconectados da economia da vida.

É tarde, e as lojas começam a fechar quando os voos decolam para seus destinos. Como meu voo foi cancelado, tenho o privilégio de ver os funcionários do aeroporto chegarem em seus turnos noturnos para limpar os terminais, os tapetes e as cadeiras ocupados pelos milhões de pessoas que passaram pelo aeroporto durante o dia. Os trabalhadores não são brancos anglo-saxões, mas estrangeiros. Eles chegam por volta da meia-noite e trabalharão até o sol começar a nascer. Se meu voo não tivesse sido cancelado, eu não conheceria esse mundo dos aeroportuários. Vivemos nesses mundos privados com preocupações e sonhos privados; não é de admirar que tenhamos medo de imigrantes e estranhos se intrometendo naquilo que julgamos ser nosso espaço privado. Mal conhecemos as lutas do nosso próximo e, às vezes, não conhecemos direito nem mesmo as nossas.

Fala-se muito hoje em dia sobre imigração e acolhimento do estrangeiro. Tememos o que acontecerá com nossas famílias e comunidades se permitirmos que muitos estrangeiros entrem em nossas vidas confortáveis, às vezes insensíveis ao fato de que também procuram comida, família e amigos. O Evangelista João escreveu que "no amor não há medo; o amor que é totalmente verdadeiro afasta o medo" (1Jo 4,18). Ele transforma, dizem os medievalistas, porque o amor une. Ele busca o bem do outro. A compaixão é o sentimento de amor que rasga o véu [que encobre o rosto do] estrangeiro e une um ser humano ao outro, une coração a coração.

O místico jesuíta Pierre Teilhard de Chardin descreveu a espécie humana em evolução rumo à plenitude da unidade no amor. Ele se preocupava com as crescentes pressões da vida humana devido ao crescimento demográfico, às guerras e aos conflitos humanos, e viu que a humanidade estava se tornando cada vez mais fragmentada. Em sua opinião, nem o escapismo nem o desespero existencial poderiam promover o processo evolutivo. O caminho seria uma nova espiritualidade pela qual os humanos em todo o mundo se unem para se tornar uma mente e um coração em amor, uma nova *ultra-humanidade* unida no amor.

A compaixão é um fio que une os centros mais profundos da vida, para além das fronteiras raciais, de gênero, de religião, de pertença tribal ou criatural. Donald McNeill e seus colaboradores escrevem:

> A palavra "compaixão" é derivada das palavras latinas *"patio"* e *"cum"*, que juntas significam "sofrer com". A compaixão nos pede para irmos aonde há dor, ela nos pede que entremos em lugares de dor para compartilhar a fragilidade, o medo, a confusão e a angústia. A compaixão nos desafia a clamar junto com os que sofrem, a lamentar junto com os solitários, a chorar junto com os que choram. A compaixão exige que sejamos fracos com os fracos, vulneráveis com os vulneráveis e impotentes com os impotentes. Compaixão significa imersão total na condição humana[1].

Atualmente, estamos em um limiar crítico em nossa vida terrena. Devemos superar nossos medos e evoluir para um novo nível de amor, ou passar pela morte lenta que se esconde por trás da fragilidade. O que será capaz de unir esta comunidade terrena? O que unirá os corações humanos, apesar de nossas diferentes cores, línguas, culturas e religiões?

A compaixão é o rio que deságua no oceano de amor infinito; ele cruza todas as fronteiras para abraçar o sofrimento do outro. Creio que aqui podemos aprender com Francisco de Assis, o grande santo medieval que, no seu tempo, rompeu as barreiras entre ricos e pobres e colocou o amor de Deus ao alcance de todos.

A chave para a transformação de Francisco no amor, seu segredo para unir os fragmentos dispersos da vida, foi a compaixão. Ele aprendeu a compaixão como a arte de curar corações partidos: reco-

---

1 McNEILL, D.P.; MORRISON, D.A. & NOUWEN, H.J.M. *Compassion*: A Reflection on the Christian Life. Nova York: Doubleday, 1982, p. 4.

lhia em suas mãos as lágrimas dos esquecidos, dos aflitos e dos solitários e amparava os feridos como a seus familiares. Francisco entrou no mundo do estrangeiro e o fez irmão. Ele aprendeu a amar o que era fraco e frágil e a cuidar de quem era descartado pelo mundo.

Enquanto vejo pessoas correndo pelo aeroporto em busca de cônjuges, puxando seus filhos, com os olhos fixos nas placas dos terminais e nos horários dos voos, tenho a impressão de que nosso maior medo é também nosso desejo mais profundo: o desejo de amar e ser amado. Desejamos ser para o outro e nos entregarmos nobremente a ele, mas temos medo do preço desse amor. No fundo, ansiamos pela totalidade, pela completude no amor; mas, para isso, precisamos aceitar nossas fraquezas e transcender os limites que nos separam a fim de nos unirmos no amor. Ansiamos pela unidade de coração, mente e alma, mas temos medo do que essa unidade poderá exigir de nós. Às vezes acho que escolhemos a solidão porque isso seria mais seguro. O conforto de nosso isolamento é nossa maior pobreza.

A compaixão transcende o isolamento porque a escolha de ser para o outro é a rejeição do estar só. A pessoa compassiva reconhece o outro como parte de si mesma de uma forma mística e inefável. Não se trata de um cuidado racional pelo outro, mas de uma profunda identificação com o outro como irmão e irmã. Francisco foi reconhecido como um outro Cristo justamente por esse seu dom da compaixão. Ele trocou uma vida confortável pela condição de um irmão pobre, via no sofrimento dos outros algo de sua própria vida.

O que é a compaixão e como ela surge no coração humano? O que move alguém à compaixão? Podemos aprender a assumi-la como estilo de vida? É possível abandonar nosso medo de amar mais profundamente? Essas são algumas das questões que norteiam este livro pensado em um aeroporto sobre compaixão. Ele não pretende ser um grande estudo ou uma análise abrangente de uma virtude, mas uma exploração do que expande o coração humano para o outro – em última análise, para o que nos une.

1

O mercado de troca

A família Bernardone, à qual Francisco pertencia, fazia parte da crescente classe de mercadores da cidade medieval de Assis. Seu pai era comerciante de tecidos e tinha uma loja na cidade, na qual Francisco trabalhou por algum tempo. Ele não apenas estava familiarizado com a negociação diária da compra e venda de tecidos, como entrou em contato com muitos tipos diferentes de pessoas – fazendeiros, artesãos, artistas, padeiros –, gente que trabalhava com as próprias mãos e valorizava as coisas materiais da terra. Francisco acreditava que a vida terrena fosse dotada de um potencial ideal positivo enquanto criação de Deus. Alguns o consideram "o primeiro materialista", no melhor sentido da palavra, por causa da maneira como ele olhou para o mundo material – não pelo *que* as coisas materiais *são*, mas por *como* elas são: criação de Deus (1Cel 2)[2].

O primeiro biógrafo de Francisco, Tomás de Celano, descreve-o como um jovem vaidoso: "progredindo *miseravelmente acima de todos os seus coetâneos nas vaidades, sobressaía mais do que o necessário como instigador de males e competidor* na extravagância. Causava admiração a todos e esforçava-se por ultrapassar os outros

---

2 TOMÁS DE CELANO. "Primeira Vida de São Francisco". In: TEIXEIRA, C.M. (org.). *Fontes franciscanas e clarianas*. 2. ed. Petrópolis: Vozes, 2008, p. 199 [doravante, as referências a esta obra serão indicadas apenas como "Fontes"].

no fausto da vanglória, nos jogos, nas extravagâncias, nas palavras jocosas e frívolas, nas canções, nas vestes macias e amplas" (1Cel 2)[3]. A riqueza de Francisco, de acordo com Celano, o fez "não avarento, mas pródigo; não um acumulador de dinheiro, mas também um esbanjador muito frívolo" que pavoneava pelas ruas estreitas de Assis com o seu grupo de seguidores que apreciavam tão extravagante mercador.

Apesar de seu conforto material e de seu círculo de amigos, Francisco não estava em paz consigo mesmo ou com o mundo ao seu redor. Ele ambicionava a glória e a fama e, embora não pertencesse à nobreza, procurou chegar a essa condição tornando-se cavaleiro – algo totalmente inacessível para ele, mas que, contudo, desejava.

Sua aspiração ao título de cavaleiro estava ligada ao desejo de comprar sua entrada em outra classe social. O cavaleiro representava certo tipo de "modelo" que Francisco tentava imitar – muito diferente do modelo de Cristo –, que ele viria a imitar futuramente. A condição de cavaleiro não se associava à compaixão, mas à honra – uma honra obtida como resultado de um duelo feroz. Francisco não só sofreu uma derrota nesse duelo, como também ficou gravemente ferido. Em busca de uma grande vitória, Francisco perdeu a batalha.

Enquanto estava ferido no hospital que acolhia os soldados, Francisco experimentou a iminência da morte e começou a se questionar sobre o rumo de sua vida. Sua grave doença desencadeou uma mudança profunda em seu interior. Tomás de Celano descreve essa mudança como uma "punição" divina, mas acho que podemos reformular isso nos termos de um "chamado para despertar".

Por meio de sua doença, Francisco começou a perceber as limitações de seu corpo. Qualquer pessoa que tenha passado por uma

---

3 Ibid.

enfermidade, provavelmente pode se identificar com a consciência de Francisco de seus limites corporais. A oração pode nos ajudar a ver a mão de Deus trabalhando ao usar essa condição – e as fragilidades corporais – como uma forma de nos alertar para as realidades mais profundas de nossa vida. Não é que Deus cause diretamente a doença ou a deseje para nós, mas Ele usa a escuridão da doença para iluminar dentro de nós uma nova visão da realidade. O uso medieval da palavra "punição" pode nos distrair da verdade mais profunda: que devemos "despertar" para o que é mais importante na vida. Tomás escreve:

> E, assim, esmagado longamente pela enfermidade como merece a obstinação dos homens que dificilmente se emenda a não ser com castigos, começou a *pensar consigo mesmo* outras coisas que não as de costume. E, como já estivesse um pouco restabelecido e, apoiado em um bastão, tivesse começado a andar pela casa daqui e dali com vistas à recuperação da saúde, saiu e começou a contemplar mais cuidadosamente a região que se estendia ao redor. Mas a beleza dos campos, a amenidade das vinhas e tudo o que é belo ao olhar em nada pôde deleitá-lo. Por essa razão, admirava-se pela súbita transformação de si mesmo e julgava estultíssimos os que amavam as preditas coisas (1Cel 3)[4].

Esse é o mesmo Francisco que acabaria por compor o Cântico das Criaturas, a canção que entoa a fraternidade com toda a criação. Um dos primeiros passos para escrever essa obra-prima ocorre justamente aqui, depois de sua doença, quando Francisco sai e contempla o campo com um interesse mais profundo. Ele começa a perceber coisas que antes não percebia; ainda assim, nesse estágio inicial,

---

4 Ibid., p. 200.

nada do que era "belo ao olhar em nada podia deleitá-lo". Qual seria o significado disso?

Talvez represente uma vaga consciência de que sua vida foi alienada da terra ao seu redor, mas ele não estava ciente dessa desconexão. Tomás indica que o próprio Francisco estava em processo de conversão ou – ousamos dizer – "evolução", um espaço de transição em que "já não o deleitavam os males passados ou presentes; mas ainda não recebera plenamente a certeza de abster-se dos futuros" (1Cel 6)[5]. Em nossa vida, quando experimentamos perda ou doença, somos confrontados com a escolha de ver isso como uma interrupção ou impedimento para nossa vida confortável ou um convite para aprofundar nosso relacionamento com Deus, cultivando um senso de compaixão por outras pessoas ao nosso redor que também sofrem com perdas ou doenças. Também somos convidados a desenvolver compaixão por nosso mundo natural, que sofre com as feridas fatais da guerra e da indiferença humana.

À medida que a vida de Francisco mudou, ele começou a orar e a sentir a presença de Deus dentro de si. Quando se recuperou dos ferimentos, voltou a Assis com o desejo de dar um novo rumo à sua vida. Ele iniciou a vagar por igrejas destruídas, nas quais permanecia por longos períodos em oração. Passou a descobrir o valor do tempo e do espaço. Como comerciante em Assis, não tinha tempo para os pobres e leprosos, apenas para o divertimento dos amigos.

Os ferimentos da batalha o retardaram, contudo, confinando-o a uma cama, onde começou a descobrir o valor da oração. Quando se recuperou e voltou para casa, Francisco não retomou o ritmo frenético de um comerciante de tecidos, mas voltou à sua vida no ritmo lento de um ferido. Fisicamente, estava curado; mas sua alma ainda precisava de cuidados e ele começou a procurar por sua alma em meio às ruínas de igrejas.

---

5 Ibid., p. 203.

Um dia ele entrou na igreja destruída de São Damião, localizada fora dos portões de Assis. Ao fazer isso, viu um grande ícone bizantino do Cristo crucificado, perfurado, mas cheio de luz; chagado, mas sem sangrar. Em vez disso, o sangue jorra das feridas de Jesus como se saciasse comunidade de discípulos reunida ao seu redor.

Enquanto orava silenciosamente diante dessa cruz, Francisco foi tomado por uma experiência avassaladora do amor divino. Ele se sentiu profundamente envolvido pelo amor compassivo de Deus e chorou, sabendo de sua própria fragilidade. Ele ouviu uma voz vinda da cruz dizendo: "Francisco, vai reconstruir minha casa que, como vês, está toda destruída" (2Cel 10)[6]. Ele entendeu que, a princípio, a casa significasse a própria igrejinha de São Damião e, então, juntou pedras para reconstruí-la. Mas a verdadeira Igreja que precisava ser reconstruída não era a de pedra, e sim o templo de sua alma. É muito mais fácil construir uma casa do que construir uma alma. Francisco entendeu que sem alma vivente não há casa para adorar a Deus. E assim foi traçado um novo rumo para sua vida.

Uma mudança na consciência

A conversão é a graça de se deixar conduzir e girar na dança da vida. É um despertar para o fato de que velhos hábitos devem morrer para que uma nova visão nasça. A clássica história que narra a conversão de Francisco é seu encontro com o leproso. Era bem sabido que Francisco abominava os leprosos; no entanto, um dia (logo após sua conversão) ele conheceu um leproso durante suas viagens. Em vez de fugir, Francisco parou, apeou, deu esmola ao leproso e beijou sua mão ulcerosa. Foi um ato ultrajante, totalmente contrário à personalidade de Francisco; ainda assim, ele nos diz em seu Testamento (escrito no final de sua vida) que, naquele beijo, o que lhe parecia

---

6 *Fontes*, p. 308.

amargo se lhe "converteu em doçura de alma e corpo" (Test 3)[7]. Superando sua repulsa pelos leprosos e deixando de lado sua própria animosidade, Francisco experimentou a bondade de Deus na fraca e desfigurada carne do leproso.

A história continua: depois de beijar a mão do leproso, Francisco montou em seu cavalo para seguir viagem. Quando começou a cavalgar, virou-se para ver o leproso, mas não havia ninguém à vista. Alguns estudiosos interpretaram isso como um símbolo de que Francisco teve de chegar a um acordo com seus próprios leprosos interiores para curar suas feridas interiores em sua longa jornada para a integridade.

Outrora festeiro de Assis, Francisco agora vagava por lugares solitários – montanhas e desfiladeiros – onde regava o solo com suas orações e lágrimas. As ruas estreitas de Assis e a agitação do mercado não podiam lhe ofereciam mais o espaço de que precisava para atender à presença íntima de Deus.

Há uma conexão importante entre lugar, espaço e graça que dá origem à compaixão na vida de Francisco. Para o divino e o humano se encontrarem, o lugar de encontro precisa de espaço. Francisco procurou o espaço do deserto para ouvir os sons da presença íntima de Deus. Em seu poema "The fire within the fire of all things" [O fogo dentro do fogo de todas as coisas], Catherine de Vinck capta esse retorno para o deserto como a descoberta do divino:

> Eu começo aqui
> na lama da estação chuvosa
> – o tecido esfarrapado da terra
> que fica grosseiro sob a mão que o acaricia:
>
> junco quebradiço, galho seco de videira
> ou espinhoso da rosa que feneceu...
> [...]

---

7 *Fontes*, p. 188.

se danço de felicidade
ao ver o falcão que voa em círculos,
sabendo por um momento o que é
flutuar sobre o pântano
vestido de penas escuras;
e se eu ouvir o chamado
escondido dentro do milagre das pedras:
então posso nomear o sagrado
como Fogo dentro do fogo de todas as coisas[8].

Ciência, espaço e tempo

A natureza selvagem altera nossa experiência do tempo. Isso nos retarda e nos funde com a maravilha da beleza selvagem da criação. O tempo revela as maravilhas do espaço e o espaço-tempo revela a face de Deus. Desde a inovadora teoria da relatividade de Albert Einstein, a ciência moderna tem explorado as dimensões do espaço-tempo. O matemático Isaac Newton pensava que o espaço fosse absoluto, como um recipiente para a matéria. Mas Einstein mostrou que o espaço e o tempo são dimensões integrais do universo, afetadas pela gravidade ou pelo peso da matéria e da energia que compõem o universo.

O espaço-tempo parece ter uma relação oculta com a consciência. Pierre Teilhard de Chardin dizia que todo o processo de evolução é um desdobramento da consciência, que acontece à medida que a matéria se torna espírito. A partir do Big Bang, a consciência passou a ser parte do mundo material: segundo Chardin, o "interior" do "exterior" material. A simetria entre luz e consciência evoca a ideia de que a mente está na matéria. O astrofísico James Jeans escreve que "o universo começa a se parecer mais com um grande

---

8 DE VINCK, C. *A basket of bread*: An anthology of selected poems. Nova York: Alba House, 1996, p. 6-7.

pensamento do que com uma grande máquina. A mente não aparece mais como um intruso acidental no reino da matéria; estamos começando a suspeitar que devemos preferir saudá-la como o criadora e governadora do reino da matéria [...]"[9]. A consciência do universo sugerida pela física quântica pode ser o equivalente ao que os gregos descreviam como *Logos*.

Se a consciência é uma dimensão da luz e a luz é a medida do tempo e do espaço, então podemos ver uma relação entre consciência, tempo e espaço. Se a consciência encolhe e é desconectada do ambiente circundante, o espaço também encolhe. O estreitamento da consciência e do espaço é o estreitamento do tempo. Conforme o tempo encurta, tenta-se desesperadamente sair do espaço em que se está confinado.

Em certo sentido, foi isso que aconteceu com Francisco. Ele experimentou uma mudança de consciência e buscou um novo espaço ao deixar seu ambiente familiar na cidade de Assis, vagando pelas colinas da Itália Central e entrando em igrejas abandonadas para rezar. Francisco deixou Assis não apenas para rezar, mas para entrar em um espaço mais profundo de relacionamento que ele experimentou em sua alma. Percebeu como o dinheiro e a ganância rompem as relações entre as pessoas. Assis havia se tornado uma economia mercantil movida pelo lucro. Francisco renunciou a essa mudança de uma economia da dádiva, movida por relações pessoais diretas das quais o dinheiro não fazia parte para a nova economia, que era movida pelo dinheiro e minimizava a impor-

---

9 JEANS, J. *The mysterious universe*. Nova York: Macmillan, 1931, p. 158, apud SCHÄFER, L. "Quantum reality, the emergence of complex order from Virtual States, and the importance of consciousness in the universe". In: Zygon: Journal of Religion and Science 41 (3), 2006, p. 509.

tância das relações humanas[10]. O lucro e a ganância monetizavam relacionamentos e excluíam os pobres.

Como alguém que se envolveu na economia de mercado, Francisco teve de aceitar sua própria exclusão dos pobres em sua busca por dinheiro. Sua doença o ajudou a perceber o valor inestimável da pessoa humana, e a oração o ajudou a perceber o valor de sua própria vida em Deus.

A oração nos transforma porque, enquanto diálogo profundo com Deus, é a fonte de nossas vidas. Orar é estar em casa consigo mesmo na presença de Deus. É assumir o controle da própria vida com suas falhas, fraquezas e sonhos, e compartilhá-los com Deus.

Muitos santos reconheceram que nos conhecemos melhor em Deus do que em nós mesmos, porque o que foi criado por Deus é mais bem conhecido por seu Criador. A oração é tornar-se consciente de nosso eu interior como o eu que pertence a Deus. Tomás de Celano escreveu que Francisco, "totalmente transformado não só em orante, mas em oração, dirigia toda a atenção e todo o afeto a uma única coisa que pedia ao Senhor" (2Cel 95)[11]. Tornar-se oração viva é entrar em um novo lugar de refúgio em Deus, um lugar de união no amor. É estar em casa no cosmos, que, nas palavras de Sally McFague, é o corpo de Deus[12]. Entrar no coração de Deus é entrar em um novo espaço e uma nova relação com o mundo. O tempo ganha uma nova dimensão porque a vida em Deus é infinita. À medida que a oração dá origem ao novo universo interior, a alma se expande em amor.

Francisco confiou na voz de Deus que ouviu falar da cruz de São Damião – "vai reconstruir minha casa" – e confiou no Espírito

---

10 LITTLE, L.K. *Religious poverty and the profit economy in Medieval Europe*. Nova York: Cornell University Press, 1978, p. 341.

11 *Fontes*, p. 361.

12 Cf. McFAGUE, S. *The body of God*: An ecological theology. Minneapolis: Augsburg, 1993.

de amor que o abraçou profundamente. Confiou o suficiente para deixar de lado a vida confortável que tinha em Assis para entrar no amor desconhecido do Deus do universo. Será que ele temia por sua vida? Tomás de Celano conta a história de Francisco orando na escuridão. Enquanto orava, teve a visão de uma velha corcunda, feia e decrépita [que habitava em Assis]. Ele percebeu a presença do Maligno dizendo-lhe que, se continuasse rezando daquele jeito, ele acabaria se parecendo com essa mulher. Confiando no poder do amor sobre o medo, Francisco prosseguiu em suas orações e a visão desapareceu (2Cel 9)[13]. A paz se estabeleceu como o orvalho da manhã na grama fresca de sua frágil vida interior. O amor tem o poder de triunfar sobre o mal porque o amor é o poder de Deus.

Tomás percebeu em Francisco um profundo movimento nascido do seu encontro com o leproso. Francisco tinha profundo desgosto pelos leprosos durante sua juventude e fugia rapidamente ao ver alguém nessa condição. Depois de se recuperar da doença, ele começou a orar com mais fervor. Um dia, encontrou um leproso, de quem, em vez de fugir, se aproximou, deu esmola e beijou-lhe a mão desfigurada. O encontro de Francisco com o leproso estava intimamente relacionado à voz de Deus que ele ouviu da cruz. Em seu *Memoriale Beati Francisci in desiderio animae* [Memorial do desejo da alma do Bem-aventurado Francisco] que ficou conhecido em português como simplesmente a *Segunda vida de São Francisco*, Tomás de Celano traça a ligação entre o encontro de Francisco com os leprosos e sua experiência em São Damião. Ele descreve o desprezo de Francisco pelos leprosos e seu horror ao vê-los ou ultrapassá-los na estrada. Um dia, na época de sua conversão, Francisco estava viajando e encontrou um leproso na estrada. Ao mesmo tempo em que sentia repulsa ao ver o humano desfigurado, ele também não queria desonrar a Deus, então apeou de seu cavalo e foi ao encontro

---

13 *Fontes*, p. 307.

do homem. Quando o leproso estendeu a mão pedindo dinheiro, Francisco beijou sua mão e deu-lhe uma esmola. Ele ficou surpreso com o ato de Francisco, e aceitou graciosamente a esmola. Francisco montou em seu cavalo e se afastou dele. Cavalgou uma curta distância, então se virou para vê-lo mais uma vez; este, no entanto, havia desaparecido. O evento tocou Francisco profundamente. Descobrindo onde moravam os leprosos, passou a visitá-los; oferecia-lhes esmolas e os beijava. Os olhos de Francisco se abriram para a bondade deles. O que o enojava tornou-se desejável; o amargo se tornou doce. Depois de descrever o encontro de Francisco com o leproso, Tomás de Celano descreve o encontro de Francisco com Deus no Cristo crucificado. Essa sequência de eventos não é coincidência, mas uma interpretação teológica. Enquanto podemos supor que Francisco passou de Deus para a pessoa humana, Tomás indica que o leproso foi o ponto de partida para a experiência de Deus de Francisco. Essa experiência culmina em seu encontro com o Cristo crucificado. Tomás escreve:

> Já transformado perfeitamente no coração, devendo em breve transformar-se totalmente também no corpo, num certo dia, ainda perto da Igreja de São Damião que estava quase em ruínas e abandonada por todos. Guiado pelo espírito, ao entrar nela para rezar, prosternando-se suplicante e devoto diante do Crucificado e tocado por visitações insólitas, sente-se diferente do que entrara. Imediatamente, a imagem do Cristo crucificado, movendo os lábios da pintura, o que é inaudível desde séculos, fala-lhe, enquanto ele estava assim comovido. Chamando-o pelo nome, diz: "Francisco, vai e restaura minha casa que, como vês, está toda destruída". [...] Desde então, grava-se na sua santa alma a compaixão do Crucificado e, como se pode julgar piedosamente, no coração dele

são impressos mais profundamente os estigmas da venerável paixão, embora não na carne (2Cel 10)[14].

É significativo que a voz de Cristo crucificado tenha falado a Francisco logo depois de seu encontro com aquele leproso sem voz, que, no relato de Celano, desapareceu na beira da estrada. O notável antropólogo René Girard descreve o mecanismo do bode expiatório que envolve o desaparecimento e o silêncio da vítima expiatória, o inocente que carrega a violência destinada ao inimigo. A verdadeira identidade da vítima é ocultada ou velada. No relato de Celano, o desaparecimento do leproso aparece como uma técnica literária para alertar o leitor de que não se trata de um leproso comum – é Cristo. Em outro nível, porém, Celano não permite que o leproso desapareça definitivamente. Francisco precisa reconhecer conscientemente a verdade da pessoa que viu. Três dias depois de seu encontro com o leproso, ele "dirigiu-se às casas dos leprosos". A "casa" dos leprosos representa um prenúncio da "casa" de Cristo, sobre a qual Francisco ouvirá na Igreja de São Damião. O véu que cobria e silenciava a verdadeira identidade do leproso foi irrevogavelmente levantado para Francisco ao ouvir falar da cruz de São Damião.

O episódio de Francisco entre os leprosos é uma história de morte e ressurreição. Em seu Testamento, ele diz: "Como eu estivesse em pecados, parecia-me sobremaneira amargo ver leprosos. E o próprio Senhor me conduziu entre eles, e fiz misericórdia com eles. E, afastando-me deles, aquilo que me parecia amargo se me converteu em doçura de alma e de corpo" (Test. 2-3)[15]. A relação entre pecado, graça e vida no encontro de Francisco com o leproso nos lembra as narrativas da ressurreição nas quais os discípulos, cegos por suas

---

14 *Fontes*, p. 307-308.
15 *Fontes*, p. 188.

próprias preocupações, não conseguem reconhecer imediatamente a identidade de Jesus. Maria Madalena, por exemplo, que "voltou-se para trás e viu Jesus em pé, mas não o reconheceu" (Jo 20,14). Para os discípulos no caminho de Emaús, o reconhecimento de Jesus veio depois que Ele desapareceu do meio deles: "E disseram um ao outro: Porventura, não nos ardia o coração, quando Ele, pelo caminho, nos falava, quando nos expunha as Escrituras?" (Lc 24,32).

Esses relatos pascais, como a história de Francisco e do leproso, nos mostram que a conversão envolve um movimento do não reconhecimento ao reconhecimento; somos convidados a ver a presença oculta de Deus. Algo aconteceu no encontro de Francisco com o leproso que foi uma experiência de ressurreição. Francisco encontrou o leproso e então ouviu a voz do crucifixo. Seu movimento de conversão não foi de Deus para a humanidade, mas da humanidade para Deus; ao beijar a frágil carne desfigurada do leproso, Francisco ouviu a voz de Cristo. A voz da cruz de São Damião era a voz de Cristo e do leproso, uma só e mesma voz, porque o leproso – o bode expiatório, vítima da sociedade de Assis – havia sido silenciado virtualmente por um ritual de morte. Agora ressuscitado da tumba, o leproso não estava mais entregue ao reino silencioso da morte, mas recebia uma voz irrevogável. Francisco ouviu a voz da verdade nesse encontro e, desse ponto em diante, "grava-se na sua santa alma a compaixão do Crucificado" (2Cel 10)[16]. Depois desse momento, não haveria mais volta – a verdade havia sido revelada a Francisco e estava gravada em seu coração. Ele sempre poderia ouvir a voz desse leproso porque ouviu a verdade da Paixão de Cristo, libertando a voz dos que não tinham voz. Em Cristo, todos participam da liberdade dos filhos de Deus.

---

16 *Fontes*, p. 308.

Meditação

Tornar-se oração viva é entrar em um novo lugar de refúgio em Deus.

Para reflexão

Em seu Testamento, Francisco escreve:

> Foi assim que o Senhor concedeu a mim, Frei Francisco, começar a fazer penitência: como eu estivesse em pecados, parecia-me sobremaneira amargo ver leprosos. E o próprio Senhor me conduziu entre eles, e fiz misericórdia com eles. E, afastando-me deles, aquilo que me parecia amargo se me converteu em doçura de alma e de corpo; e, depois, demorei só um pouco e saí do mundo (Test. 1-3).

1) Você consegue se lembrar de alguma vez em sua própria vida em que vivenciou algo semelhante à experiência de Francisco, por exemplo, quando experimentou algo "amargo" sendo transformado em "doçura de alma e corpo"?

2) No contexto dessa breve passagem, o que você acha que Francisco quer dizer com "fazer penitência"? O que caracteriza esse "fazer penitência"?

3) O que você acha que Francisco quer dizer quando afirma que "saiu do mundo"? Que "mundo" ele abandonou?

4) Reflita sobre as pessoas que você rejeita. Reze por elas. Quais são algumas maneiras de você voltar a ter alguma proximidade com elas?

2

O deserto do coração

O coração pode ser um lugar solitário e selvagem. Bem no fundo, como um poço cavernoso, o coração é o lugar do nascimento cósmico e da unidade com o mistério da vida. O coração é o sagrado espaço interior onde o divino e o humano se unem fortemente em um ponto de silêncio absoluto. É bem sabido que Francisco rezou diante do crucifixo de São Damião pedindo pela luz interior de seu coração:

> Altíssimo, glorioso Deus,
> iluminai as trevas do meu coração,
> dai-me uma fé reta,
> uma esperança certa
> e caridade perfeita,
> sensibilidade e conhecimento,
> ó Senhor,
> a fim de que eu cumpra
> o vosso santo e veraz mandamento (OC)[17].

Essa uma oração marcante porque, ao orar diante de Cristo crucificado, Francisco experimentou o Deus Altíssimo. O erudito franciscano Michael Blastic escreve: "[...] é a vida de Jesus em sua

---

17 *Fontes*, p. 157.

frágil humanidade que é salvífica"[18]. A humanidade frágil e o Deus altíssimo estão unidos como um, sem confusão, separação ou divisão. Francisco procurou estar em casa com Deus na humanidade débil e frágil, e a maneira de conhecer esse Deus escondido é por meio do coração.

Por muito tempo, temos feito de Deus um objeto de nosso desejo, de nossa esperança, de nossa frustração e de nossa raiva. Mas Deus não é um objeto fora de nós sobre o qual podemos projetar o que está dentro de nós. Em vez disso, Ele está dentro de nós, em nosso ser mais profundo, como escreveu Santo Agostinho: "Vós, porém, éreis mais íntimo do que o meu próprio íntimo e mais sublime do que o ápice do meu ser!"[19] Porque Deus é, eu sou. No entanto, Deus não está limitado a mim; Ele é a infinita fonte fecundante de tudo o que existe. Conhecê-lo é conhecer o mundo como ele realmente é nas profundezas da realidade. Francisco percebeu que não poderia conhecer a verdade até que pudesse ver claramente a luz da verdade, e a verdadeira visão só acontece por meio dos olhos do coração.

Mas o coração é um lugar selvagem. Ele está cheio da verdade mais profunda de quem somos e, portanto, dos pequenos segredos de nossas vidas. Estamos constantemente tentando controlar nossos corações para que nossos segredos não sejam revelados; ao fazer isso, no entanto, nossa visão da verdade é sempre turva. Em nossa cultura científico-pragmática, não lidamos bem com a natureza indomável; devemos arrancar o que há de salvagem na natureza e controlá-la pela força e pela manipulação. Tememos a rebelião do que é selvagem, como se o desconhecido pudesse se levantar e nos

---

18 BLASTIC, M. "Contemplation and compassion: A Franciscan ministerial spirituality". In: CARROZZO, A.; CUSHING, V. & HIMES, K. (orgs.). *Franciscan leadership in ministry*: Foundations in history, theology, and spirituality. Nova York: The Franciscan Institute, 1997, p. 154 [Spirit and Life: A Journal of Contemporary Franciscanism, vol. 7].

19 AGOSTINHO. *Confissões*, III, VI, 11.

conquistar de surpresa. Mal sabemos que o melhor adjetivo "selvagem" é para a realidade. Deus é amor selvagem.

Estamos perdendo a noção do que seja selvagem. A tecnologia promete controlar a natureza e criar uma vida controlada e gerenciável. O livro de Richard Louv, *A última criança na floresta*[20], descreve a criança moderna como tendo transtorno de déficit de natureza. Presa diante de uma tela, a criança de hoje descobre a natureza selvagem mais no ciberespaço do que no espaço natural. A vida selvagem on-line não é realmente selvagem. Um clique do *mouse* pode mudar a visão da natureza selvagem para Pokémon ou Paciência ou Facebook. As crianças não têm mais liberdade para brincar na natureza e para deixar a natureza brincar.

Sem brincadeira, a imaginação humana para sonhar e criar é sufocada; a espontaneidade é transformada em pequenos bits de informação controlada. Teilhard de Chardin passou longos períodos no deserto e passou a ver o valor do deserto na formação da pessoa humana. Segundo ele, para sermos totalmente humanos, devemos nos afastar do que é "meramente humano" e retornar ao deserto. Ele nos chamou para deixar as cidades e encontrar o deserto inexplorado voltando à matéria, para nos encontrarmos onde a alma é mais profunda e onde a matéria é mais densa; sentir a *plenitude* de nossos poderes de ação e adoração ordenados sem esforço em nosso ser mais profundo[21].

Essa noção de "retorno" à matéria é muito significativa. Nossa aversão contemporânea ao deserto e à "matéria" é essencialmente uma forma moderna de uma heresia muito antiga: o gnosticismo, uma crença de que Deus não entrou verdadeiramente em união com

---

20 LOUV, R. *Last child in the woods*. Chapel Hill: Algonquin, 2005.

21 TEILHARD DE CHARDIN, P. *The divine milieu*: An essay on the interior life. Nova York: Harper & Row, 1960, p. 115 [trad. bras.: *O meio divino*. Petrópolis: Vozes, 2020].

nossa humanidade e de que somente o conhecimento nos salvará. A conversão envolve fazer o que Cristo fez, ou seja, tornar-se humano novamente – retornar ao *húmus* ou ao barro do qual fomos criados.

Cristo é o Novo Adão – e não é por acaso que a palavra hebraica "*adamá*" [que originou o nome "Adão"] significa literalmente "barro". Mas também significa "vermelho" e "sangue". Cristo é o "Deus-homem". O padre capadócio do século IV, São Basílio de Cesareia, escreveu: "O ser humano é um animal que recebeu a vocação de se tornar Deus"[22].

Mas, antes de termos condições de empreender essa jornada rumo à nossa divinização, devemos abraçar nossa humanidade como Cristo fez. Irineu de Lyon faz uma pergunta a Adão e a Eva no Jardim do Éden que resume essa ideia: "Como podes ser Deus se ainda não te tornaste humano? Como podes ser completo quando acabaste de ser criado?"[23] Francisco tinha sua própria versão dessa ideia. Ela pode ser encontrada em seu Ofício da Paixão: "Erguei vossos corpos e carregai sua santa cruz"[24]. Carregar as fraquezas de nossos corpos é o caminho para a ressurreição e qualquer coisa que negue ou aniquile o corpo aniquila também a ressurreição.

A pessoa medieval não tinha um eu estendido no ciberespaço como a pessoa do século XXI. Em vez disso, a pessoa medieval buscava a Deus abandonando o mundo agitado e buscando lugares remotos para orar, meditar e refletir sobre o significado mais profundo da vida. As peregrinações eram populares na Idade Média. Francisco frequentava bosques e florestas solitárias a fim de entrar no deserto de seu coração. Ele orava, entrando nas trevas do seu coração, sem medo de pedir graça: "Pedi, e vos será dado; buscai, e

---

22 CLÉMENT, O. *The roots of Christian mysticism*. Hyde Park: New City, 1993, p. 76.
23 Ibid., p. 87.
24 Ofício da Paixão, I parte, salmo VII, vésperas, v. 8. In *Fontes*, p. 148.

achareis; batei, e abrir-se-vos-á. Pois todo o que pede, recebe; o que busca, encontra; e a quem bate, lhe será aberto" (Lc 11,9-10).

Pedir é reconhecer que não se sabe ou não se possui; é admitir dependência de outro. Deixamos de pedir quando nos recusamos a ser dependentes; assumimos a autossuficiência e, assim, nos limitamos a nós mesmos e às possibilidades dentro de nós para algo mais do que nós mesmos. Pedir em oração é reconhecer os limites de nossa humanidade. Deus é como um mendigo esperando à porta da alma sem ousar abri-la, escreveu Vladimir Lossky. Ele nos cria por amor e, portanto, concede a verdadeira liberdade. "Deus se torna *impotente* diante da liberdade humana"[25].

Se o amor divino não fosse gratuito, não poderíamos *escolher* amar; e, se não pudéssemos *escolher* amar, então não seríamos livres. Portanto, Deus não força, nem controla ou manipula nossos destinos. Na verdade, Ele permite que existamos e, na liberdade de nossa criação, Deus é sempre amor fiel. Como amados, Deus nos fortalece e nos sustenta, convidando-nos ao relacionamento sem nos forçar, mas nunca desistindo de nós porque Ele permanece sempre fiel e desejoso de que respondamos com amor.

Há uma passagem de *A cor púrpura* [*The color purple*] que capta esse sentimento do desejo de Deus por nós e da morada de Deus em nós. É um diálogo entre a Shug e a Celie, duas amigas afro-americanas que procuram dar sentido a um mundo de intenso sofrimento. A passagem se insere no contexto de uma carta que Celie escreve para sua irmã Nettie. Doci diz a Celie que Deus não é alguma *coisa,* mas Deus é tudo o que é ou já foi ou será. Estamos sempre procurando *por* Deus, mas "viemos ao mundo com Deus", diz ela, e, portanto, a única maneira de encontrar Deus é olhar para dentro, onde Ele habita. Somente aqueles que buscam a Deus o encontram

---

25 LOSSKY, V. *Orthodox theology*: An introduction. Crestwoood: St. Vladimir's Seminary Press, 1978, p. 73.

interiormente. Celie questiona Doci sobre o gênero de Deus porque ela cresceu pensando que Deus fosse um velho branco, mas Doci diz que Deus não é nem homem nem mulher, mas está além do gênero. Deus é tudo o que existe; e, porque Deus está em tudo, podemos senti-lo se despertarmos para sua presença. Ela conta a Celie que, um dia, estava sentada quieta, sentindo-se desamparada "como uma criança sem mãe", quando se deu conta de que fazia parte de tudo, das árvores, dos pássaros, do ar, porque Deus vivia nela e em tudo o mais. Esse foi um momento de revelação para a Doci, e ela conta para a Celie como ela *soube* que havia experimentado Deus. Doci percebeu que Deus não é o "grande homem" sentado lá em cima no céu nos observando para ver se acertamos em nossas ações. Deus é realmente diferente do que imaginamos que seja, porque Ele vive em pessoas comuns e árvores e céus e criaturas. Deus é o estranho em nosso meio que não reconhecemos. Estamos sempre tentando agradar a Deus, mas, na verdade, é Ele quem está sempre tentando nos agradar. Ele sempre nos surpreende com dons de graça quando menos esperamos. "Falamos e falamos de Deus", diz Doci a Celie, "mas de alguma forma não conseguimos tirar aquele 'velho branco' da cabeça". Estamos tão ocupados pensando em Deus ou falando dele que nunca notamos nada que Ele faz, nem uma árvore ou uma folha de grama ou uma flor silvestre[26]. O sábio islâmico Ibn Arabi falou da presença de Deus na linguagem mística do amor: "Eu te chamei tantas vezes e tu não me ouviste. Mostrei-me a ti tantas vezes e não me viste. Tornei-me tantas vezes fragrância, e não me cheiraste"[27]. Do seu jeito simples, Doci também alcançou o coração do Deus místico que está tão próximo do nosso toque e tão dentro de nossas vidas que não podemos acreditar que *este* seja Deus. O místico dominicano Mestre Eckhart orava para se livrar de Deus para

---

26 WALKER, A. *The color purple*. Nova York: Washington Square, 1992, p. 177-179.

27 Apud KEARNEY, R. *Anatheism*. Nova York: Columbia University Press, 2010, p. 41.

que pudesse realmente viver em Deus. Dionísio dizia que o nome principal de Deus é silêncio. Conhecê-lo é amar a vida e deixar que a vida entre em nós. Deus está escondido naquilo que é fraco e frágil, e o falar muito de Deus pode facilmente ignorar a presença divina. Ele é o "mais" daquilo que buscamos.

O Deus dos místicos não é o deus dos filósofos, não é o deus que está sentado no céu vigiando e julgando a criação. Ele é o Deus oculto que derrama seu amor pelos que Ele ama, um Deus que deixa de ser Deus para ser Deus por nós. Estar em um relacionamento com esse Deus de amor derramado não nos protege da destruição ou da calamidade. Não estamos isentos dos sofrimentos da vida. Pelo contrário, aquele que entra no amor indomável de Deus – pois o amor divino não é puro, lógico e ordenado – entra nas forças desconhecidas do coração. Bem dentro de nós, Deus habita como fogo, vento turbulento, um oceano furioso de poder e ainda um profundo silêncio de quietude. Deus é tudo isso porque o amor divino é dinâmico, ativo, gerador, infinito e bom. Deus é a plenitude de tudo o que vive, se move e existe. Entrar no coração humano é entrar em Deus sem medo de arriscar o desconhecido ou a própria morte, pois "o amor é mais forte do que a morte". A fraqueza de Deus no amor desperta a força da humanidade. "A ressurreição", escreve Richard Kearney, "nos leva de volta ao mundo para que tenhamos vida em abundância"[28].

Francisco passava longos períodos no ermo selvagem. "Rezando nas florestas e nos lugares solitários, [ele] enchia os bosques de gemidos e banhava os lugares de lágrimas" (2Cel 95)[29] invocando a Deus e pedindo luz no caminho desconhecido de sua jornada. Desde o seu primeiro encontro com o Cristo crucificado em São Damião, Francisco sabia que o caminho do amor é o do sofrimen-

---

28 Ibid., p. 69.
29 *Fontes*, p. 361.

to; não apenas o sofrimento físico, mas o profundo sofrimento da mudança pela qual a pessoa se torna um estranho para a família e os amigos antes tão próximos. Tomás de Celano disse que Francisco chorava "em alta voz a paixão de Cristo, como se sempre colocada diante de seus olhos. Ele enchia de gemidos os caminhos, não admitia qualquer consolação, ao recordar-se das chagas de Cristo" (2Cel 11)[30].

Francisco era muito parecido com os Pais do Deserto que deixaram o ambiente familiar de casa para entrar na natureza selvagem para encontrar a verdade. *A Vida de Santo Antão*, por exemplo, fala de um jovem de família próspera que ouviu o chamado do Evangelho – "vai, vende tudo o que tens e dá aos pobres" – o mesmo Evangelho que falava a Francisco. Livrando-se de sua riqueza, Antão começou a viver uma vida de disciplina praticando a oração e a pobreza sob a direção de um eremita mais velho. Depois de algum tempo, Antão se retirou completamente para o deserto, onde encontrou uma sucessão de tentações e lutou com os demônios na solidão. No deserto, Antão redefiniu o conceito de asceta como aquele que lutou cara a cara contra o adversário. Diz-se que ele fez do "deserto uma cidade" santificando um lugar onde Deus não estava presente. Ele, contudo, não permaneceu no deserto, voltou do ermo depois de cerca de vinte anos para atuar como pai espiritual para aqueles que buscavam a verdadeira vida cristã.

Embora a vida de Francisco pudesse ser comparada aos Padres do Deserto, a sua estava mais intimamente relacionada ao movimento ascético sírio, que diferia do movimento eremítico egípcio. O ascetismo sírio envolvia homens e mulheres e era uma escolha de vida feita por um adulto no Batismo. O asceta era um solitário, obstinado, que buscava o discipulado como uma imitação literal de Jesus pobre, sem-teto e celibatário. A vida errante do asceta sírio enfatizava o abandono total dos bens e dos lares, separado do que

---

30 *Fontes*, p. 308.

está "morto" e ligado àquele que dá a vida. "Revestir-se de Cristo" significava deixar os laços familiares e sair do centro da aldeia para a periferia do deserto.

Curiosamente, o movimento para longe do círculo familiar e comunitário não era abandono da família, mas uma nova maneira de se relacionar. Ser um estranho no mundo da Antiguidade tardia significava não se retirar da sociedade, mas assumir uma responsabilidade e um poder especial dentro dela, oriundo do *status* de "estranho". Os ascetas sírios se retiravam de ambientes familiares, mas, ao mesmo tempo, trabalhavam zelosamente pelas comunidades ao seu redor. Pregavam, rezavam, liam a Bíblia e visitavam órfãos, viúvas e enfermos. Nesse processo de imitar Cristo, o santo poderia fazer o que Cristo havia feito – intervir pela misericórdia divina, tornar-se um instrumento da graça divina neste mundo e mediar entre a humanidade e Deus. O asceta era o ponto em que o humano e o santo se encontravam. Consequentemente, a comunidade cristã se voltava para os ascetas instalados nas proximidades – homens e mulheres santos – em busca de curas, exorcismos, conselhos, bem como justiça em assuntos privados, públicos, pessoais e civis. Embora o asceta fosse visto como alguém que deixou o mundo, o novo poder de santidade encontrado no deserto significava uma nova relação com o mundo, e o asceta agia como líder espiritual, carregando pesadas responsabilidades em relação à sociedade cristã mais ampla[31].

Uma das virtudes mais características dos monges sírios e egípcios era a compaixão. Livre do peso do ego egoísta, o monge renascia em seu coração e estava atento às necessidades dos pobres, dos fracos e dos frágeis limites da pessoa humana.

---

31 BONDI, R.C. "Christianity and cultural diversity I – The spirituality of Syriac--speaking Christians". In: MCGINN, B.; MEYENDORFF, J. & LECLERCQ, J. (orgs.). *World spirituality*: Origins to the twelfth century. Nova York: Crossroad, 1987, p. 152-161 [World Spirituality: An Encyclopedic History of the Religious Quest, Ewert Cousins, vol. 16].

O movimento para o deserto do coração forma uma nova relação com o mundo, porque se encontra no coração uma profundidade de ser que cria o mundo. Rezando diante de Cristo crucificado, Francisco abandonou o mundo do comerciante e entrou no mundo do seu coração. "Por causa de Cristo crucificado", escreveu Boaventura, Francisco "prestava com benéfica piedade serviços de humildade e humanidade aos leprosos [...] Também para os pobres e mendigos desejava despender não somente suas coisas, mas também a si mesmo, algumas vezes despindo-se de suas vestes, outras vezes descosturando-as, outras vezes rasgando-as para dar-lhes, quando não tinha outras coisas à mão" (LM 1,6)[32]. Profundamente tocado pelo amor compassivo de Deus, Francisco se tornou a compaixão de Deus no mundo. Ele se mudou para a periferia de Assis e permaneceu com os leprosos. Lá, aprendeu a ver Deus de uma nova maneira, no que não é amável, no que é feio e no que é desprezado. Lá, ele conheceu o poder do amor salvador de Deus na humanidade frágil. Quando Francisco voltou para a cidade, carregava uma nova consciência de que Deus está presente dentro de si e nos outros.

> Numa ocasião, em Colle, no condado de Perúgia, São Francisco encontrou um pobrezinho que conhecera antes [quando estava no mundo]. E disse-lhe: "Irmão como vais?" E ele, com ânimo irado, começou a acumular maldições contra seu patrão que lhe tomara todos os seus bens: "Graças a meu patrão – disse –, a quem Deus onipotente amaldiçoe, só ando mal". Compadecendo-se mais da alma do que do corpo dele, visto que persistia em seu ódio mortal, disse-lhe Francisco: "Irmão, perdoa a teu patrão por amor de Deus para libertares tua alma; e poderá ser que ele te restitua as coisas tiradas. Senão, perdeste tuas coisas e perderás a alma. E ele disse: "Absolutamente não

---

32 *Fontes*, p. 558.

posso perdoar a não ser que antes ele [me] restitua o que tirou". O bem-aventurado Francisco, como tivesse um manto às costas, disse-lhe: "Eis que te dou este manto e peço que perdoes a teu patrão por amor do senhor Deus". E ele, abrandado e incentivado pelo benefício, tendo recebido o presente, perdoou as injúrias (CA, 85)[33].

Em vez de criticar e julgar os outros, Francisco abraçou os fracos, os enfermos e os descontentes, como se cada um refletisse o rosto de Jesus Cristo. No deserto, lutou contra os demônios e em sua própria vida ele encontrou paz ao se render a Deus. Deixou de ser meramente humano para ser profundamente humano, não uma mudança definitiva, mas uma nova direção, um novo rumo existencial. Na fragilidade humana, Francisco experimentou a compaixão de Deus.

Meditação

Profundamente tocado pelo amor compassivo de Deus na carne ferida de Cristo, Francisco tornou-se a compaixão de Deus no mundo.

Para reflexão

1) Na passagem de *A cor púrpura*, em que o entendimento de Shug sobre Deus difere do entendimento cristão e em que ambos se assemelham?

2) Como você explicaria o mistério da encarnação – "Deus que se torna humano" – a Celie e Doci?

3) Na história da *Compilação de Assis*, um homem é transformado e levado ao perdão como resultado da compaixão de Francisco.

---

33 *Fontes*, p. 861.

Como você descreveria a compaixão de Francisco nessa história? O que mais se destaca?

4) Você consegue se lembrar de uma época em que sua vida mudou graças a algum gesto de compaixão de outra pessoa?

5) Consegue pensar em alguém agora que possa ser transformado por um ato de compaixão de sua parte?

6) O que impede você de demonstrar compaixão da maneira que Francisco fez na história acima?

3

A geografia da alma

Hoje existe uma dificuldade em perceber a relação entre alma e espaço, que acredito estar no cerne de nossas crises ecológicas e econômicas. Meu pensamento é simplesmente este: a alma precisa de espaço para crescer.

Semeado no ventre da mãe, um ser vivo cresce até que o espaço do ventre não possa mais conter essa vida única; então nasce no espaço da família e do lar. As crianças adoram o espaço de um campo aberto ou de uma faixa costeira; sua resposta inicial, quando levadas para a natureza aberta, é correr livremente como se estivessem perseguindo o vento. A alma de uma criança se expande na natureza. Ela se torna uma com a alma da terra e, por um breve momento, o ser humano e a terra compartilham da alma comum na qual abundam a liberdade, o amor e a paz. O que então acontece com a alma quando a criança começa a crescer em conhecimento e consciência?

Dizendo brevemente, a geografia da alma muda. Ela deixa de ser o espaço livre e aberto da unidade com a natureza; ao contrário, torna-se voltada para si mesma, autodirigida, e, assim, perde aquela liberdade externa de que antes desfrutava. Acredito que os males da cultura moderna estejam enraizados nessa perda de espaço da alma ou talvez na perda da infância.

Nas religiões primitivas, o espaço da alma era encontrado na comunidade que incluía tanto humanos quanto outros seres vivos. Estar vivo, ter alma, ser animado, era compartilhar o espaço de estar uns com os outros na comunidade terrena. Com a evolução e o avanço para a consciência axial marcada pela autonomia, pela liberdade e pela autotranscendência, a alma se separou do mundo externo da natureza e se ancorou no indivíduo. Não nos surpreende que o redirecionamento da alma, da natureza para o indivíduo, corresponda ao surgimento do monoteísmo ou à crença em um Deus pessoal. O mundo se tornou objetificado, e a alma passou a buscar se expressar no mundo transcendendo esse mundo no espaço do útero de um Deus pessoal.

A religião desempenhou um papel significativo nesse processo de expansão da alma. O monge se tornou o arquétipo da experiência religiosa à medida que a consciência da divindade transcendente impeliu a escolha da alma pela expansão interior e pela liberdade. A busca por identidade, liberdade e autotranscendência significou um novo espaço, separado da natureza. No entanto, enquanto homens e mulheres procuravam expandir a capacidade anímica para a divindade indo para os vastos espaços do ermo ou se tornando estranhos no limite de suas sociedades, eles encontraram um novo espaço interior em união com a vida divina.

Todas as grandes tradições religiosas descrevem a necessidade de renunciar ao espaço aglomerado da família, da aldeia ou da cidade e reivindicar o próprio espaço na solidão do ser. Os Upanixades descrevem como descobrir o *atman* – o centro transcendente do eu – por meio da meditação. Buda traçou o caminho da iluminação individual; os profetas judeus despertaram a responsabilidade moral individual; e Jesus subiu ao monte para orar[34]. Passar pela expansão da

---

34 COUSINS, E.H. *Christ of the 21st century*. Rockport: Element, 1992, p. 6. • COUSINS, E.H. "Teilhard's concept of religion and the religious phenomenon of our time". In: *Teilhard Studies*, n. 49 (Fall 2004), p. 10-11.

alma significava se libertar dos limites do ego e se tornar um com a fonte divina da vida.

Na Idade Média, havia mesma necessidade de espaço para a alma; mas, em vez de ir fisicamente para o deserto, mulheres como as beguinas escolheram ir para o deserto interior do coração. Elas renunciaram às exigências normais da sociedade, do casamento e do *status* social e escolheram vida independente e devota, comprometida com o Evangelho. Entrando no deserto do coração em busca de Deus e identificando-se com o Deus sofredor, as beguinas encontraram uma liberdade interior e uma profunda interconexão com a humanidade e o cosmos.

Em Francisco, vemos uma versão um pouco diferente dessa vida evangélica, cujo caminho foi semelhante ao das beguinas. Ferido em um hospital de soldados, Francisco sentiu sua alma morrer e a necessidade de encontrar um novo espaço para que ela vivesse. Assim, ele deixou a cidade para a expansão aberta do campo: do espaço confinado do conhecido passou ao espaço do desconhecido. Escolhendo a amplitude do campo aberto e da floresta selvagem, Francisco descobriu a capacidade de expansão da alma. O espaço externo do ambiente selvagem forneceu o espaço interno para a alma crescer enfrentando sua própria verdade, criando sua própria identidade e libertando o verdadeiro eu do falso eu. A liberdade da alma de Francisco se tornou para ele a amplitude de uma nova vida.

A amplitude impregna a beleza terrena. Quem viaja conhece a beleza de diferentes terrenos – montanhas e colinas, picos e vales, cidades urbanizadas e pequenos povoados no interior. A alma é como a terra, tem montanhas e colinas, picos e vales expressos em seus poderes de expansão, contração, inteligência e simplicidade. O espaço cria a alma, e, quanto mais amplo e diversificado for o nosso espaço, mais crescemos como pessoas.

O problema de nossa época não é apenas uma questão anímica, de alma, mas de espaço. A industrialização da sociedade, a urbanização das cidades, o surgimento da ciência moderna e o colapso da religião na cultura fizeram com que o espaço da alma diminuísse consideravelmente. Vivemos em nossos próprios mundos privados, onde o espaço de solidão é tão pequeno e estreito que o cobiçamos com ciúme e o compartilhamos com relutância. Estamos tão preocupados em não perder aquele nosso pequeno espaço da alma que, muitas vezes, o ignoramos em vez de habitá-lo. Buscamos nossa identidade e nossa liberdade não interiormente no espaço de nossas almas, mas exteriormente no mundo e na cultura. Estamos cegos para nossa própria amplitude interior, sem consciência da capacidade que existe dentro de nós para criar nossa própria identidade. O grito de nossa época é por "meu espaço", o espaço que podemos chamar de nosso, onde nos criamos e expressamos nossa personalidade, onde descobrimos nossa identidade e nos tornamos pessoas humanas. Se a crise de nossa época é de espaço, ela é também uma crise de alma.

Espaço e identidade em Francisco

O espaço desempenhou um papel significativo na vida de Francisco porque proporcionou o crescimento de sua alma compassiva. Quando Francisco se retirou para o ermo, ele entrou na amplitude do amor de Deus. Sozinho no deserto da natureza, passou a ser um com Deus.

Um dos versos famosos dos *Fioretti* é a oração ouvida por um dos frades que viu Francisco rezando em um jardim diante da cruz: "Quem és Tu, altíssimo Senhor, e quem sou eu?" Olhando para sua própria humanidade no espelho da cruz, Francisco se perguntou o que viu. "Quem és Tu, ó Deus?"

Não seria essa a questão de cada época, cada pessoa, cada buscador – e não importa se nomeamos ou não o mistério que reivindica nossas vidas como Deus ou Alá ou Elohim ou Mistério? Quem é esse Deus, Aquele que é muito mais do que nós, mas que nos interpela de uma maneira profunda e pessoal?

Francisco experimentou Deus como bondade transbordante, como amor superabundante que transborda para a criação e para a sua vida pessoal. O "Tu" da pergunta é a fonte profunda e insaciável de amor que Francisco experimentou, uma fecundidade do amor gerando a vida do "Eu" que, pela natureza efusiva do amor, pertence ao "Tu". Francisco descobriu que seu "eu" depende de um "Tu" e, ao se perguntar sobre a direção de sua vida, maravilhou-se com a fonte de sua vida. Seria possível que Francisco descobrisse esse Deus de amor transbordante na cidade, na loja de seu pai ou entre seus amigos? Por que ele teve de abandonar tudo para encontrar Deus? O que bloqueou sua visão de Deus na cidade?

A resposta é espaço. A cidade pode ocupar o espaço necessário para a expansão da alma. Para a Palavra de Deus ser plantada na alma e para a alma se expandir em amor, é necessário espaço. O espaço necessário para a expansão da alma não é tanto o espaço físico, mas o emocional, psicológico. O lugar não define necessariamente o espaço, mas o espaço determina o lugar, como escreveu Boaventura: "Tu existes 'mais verdadeiramente onde amas do que onde meramente moras'"[35]. Onde você tem liberdade no amor, naquele espaço para ser você mesmo, aí você verdadeiramente existe. Conta-se a história de uma mulher que passou muito tempo na prisão. Enquanto estava em sua pequena cela, ela se familiarizou com a Bíblia e aprendeu a arte da oração. Ficou tão profundamente imbuída do amor de Deus que foi capaz de ajudar outras detentas em suas lutas. Embora confinada a uma minúscula e estéril cela de prisão, a oração

---

35 BOAVENTURA. *Soliloquium* 2.12 (VIII, 49). In: *Mystical writings*. Nova York: Crossroad, 1999, p. 140. Boaventura escreve: "Ó minha alma, penso que existes mais verdadeiramente onde amas do que onde meramente moras, pois és transformada à semelhança de tudo o que amas, pelo próprio poder desse amor".

lhe abriu para a amplitude do amor infinito de Deus. Quando terminou de cumprir sua pena, ela não queria voltar ao mundo porque havia encontrado sua plena liberdade em Deus mesmo confinada fisicamente em uma prisão.

Essa história contrasta com a de uma religiosa que conheci. Mesmo com uma vida confortável no convento, com todas as suas necessidades satisfeitas pela comunidade, essa irmã estava sempre infeliz e reclamando de alguém ou de algo. Embora gostasse do espaço de um grande convento, incluindo seu próprio carro, seu quarto e seu trabalho, o espaço psicológico e emocional dessa religiosa foi diminuído por sua preocupação consigo mesma. Não importava aonde fosse, um retiro, uma visita à família ou uma refeição fora, ela nunca ficava satisfeita e sempre sentia que a outra pessoa tinha se dado melhor. Consequentemente, sua vida de oração também diminuiu.

Embora associemos espaço e lugar (p. ex., o ditado "lar é onde seu coração está"), eles não estão necessariamente relacionados. Em vez disso, o espaço interno molda o lugar externo, ou o lugar – *onde você ama* – é uma função do espaço – *onde você realmente existe*.

Com isso quero dizer que se o espaço de nossas almas for reduzido a um minúsculo núcleo ou se for totalmente perdido, o maior dos lugares não nos satisfará. Poderíamos viver uma "vida superdimensionada" em uma casa superdimensionada em uma propriedade superdimensionada, mas nossas vidas parecerão pequenas, insignificantes e talvez sem valor. Tendo a generosidade do espaço físico, podemos sentir o menor espaço espiritual e, assim, podemos nos encontrar correndo de atividade em atividade, de loja em loja, de jantar em jantar, de amigo em amigo, num ritmo frenético de atividade que nos deixa exaustos e insatisfeitos ao fim do dia. Ao preencher nosso tempo com infinitas atividades, reduzimos o espaço dentro de nós mesmos. A redução do tempo e do espaço é a redução da vida. Podemos ter uma vida longa, do ponto de vista biológico, mas podemos morrer cedo sufocando o espaço da alma dentro de nós.

O espaço da personalidade

O que há com a amplitude da alma que é essencial para a geração da vida? A vida de Francisco (como também a de muitos santos) indica que a alma é o lugar da personalidade, e o espaço é necessário para a criação contínua da alma. Francisco foi ao espaço do deserto para entrar em seu coração – no âmago de sua alma – para saber o que ele era e o que não era. A identidade é uma função do espaço e o espaço configura a identidade na medida em que o espaço proporciona o encontro entre o divino e o humano – por exemplo, no espaço da oração.

À medida que passamos a ser quem somos chamados a ser em relação a Deus (identidade), Deus se mostra ao universo por meio de sua criação constante e contínua do eu. O eu que surge por meio da união com Deus é o eu no qual Deus se reflete, ou seja, é a imagem de Deus. Passamos a nos conhecer em Deus quando temos a liberdade de sermos nós mesmos sem engano; não o eu que acho que devo ser, como escreveu Thomas Merton. Em vez disso, buscamos o eu que Deus continua a criar, o eu que é de Deus e que pertence a Ele.

Francisco rezava: "Quem és Tu, altíssimo Senhor, e quem sou eu?" Como Francisco descobriu, o "eu" não é um dado; ele está em processo de formação em relação a um "Tu", o "Tu" de Deus. À medida que Francisco aprofundava sua vida na oração, sua compreensão de si mesmo e do mundo ao seu redor começou a mudar. A graça de Deus o levou para uma nova direção, o caminho de se conhecer como fraco e amável; pequeno e grande; pecador e redimido. A identidade não é um dado, mas um processo criativo. Ela emerge continuamente no espaço da alma, onde o mundo externo entra no interno e o mundo interno, por sua vez, cria o mundo externo. A identidade – a verdade escondida na semente do amor que Deus plantou dentro de nós – precisa de espaço para crescer. O eu não é uma coisa estática; antes, é uma constelação de poderes que tem o potencial de crescer até a plenitude de uma única vida, cuja realidade é conhecida apenas por Deus. Podemos crescer em um determinado lugar, mas é realmente o espaço em que temos a liberdade de sermos nós mesmos que influencia o desenvolvimento de nosso eu como pessoa. A liberdade não é um espaço não coagido; antes, é o paradoxo do espaço onde o eu pode aceitar seus limites e, ao fazer isso, se abrir para os outros.

O espaço do deserto fez de Francisco um irmão, porque, na liberdade de ser ele mesmo, reconheceu a necessidade dos outros. Francisco reconheceu que não estava acima ou separado dos outros, mas profundamente relacionado com os demais. Ele e toda a criação compartilhavam da mesma bondade primordial que fluía do coração de Deus.

Thomas Merton teve uma experiência semelhante de humanidade. Ele a descreveu em seu famoso despertar na esquina das Ruas Fourth e Walnut em Louisville, Kentucky em suas *Conjecturas de um espectador culpado*:

> Em Louisville, na esquina da Rua Quarta com a Rua Walnut, no centro do distrito comercial, fiquei subitamente impressionado com a compreensão de que amava todas aquelas pessoas, que elas eram minhas, e eu, delas; que não podíamos ser estranhos uns aos outros embora fôssemos completamente desconhecidos. Era como acordar de um sonho de separação, de autoisolamento espúrio em um mundo especial, o mundo da renúncia e suposta santidade.

Toda a ilusão de uma existência sagrada separada é um sonho.

[...]

Foi então como se, de repente, eu visse a beleza secreta de seus corações, o fundo de seus corações onde nem o pecado, nem o desejo, nem o autoconhecimento podem chegar, o âmago de sua realidade, a pessoa que cada um é aos olhos de Deus. Se ao menos eles pudessem se ver como realmente *são*. Se ao menos pudéssemos nos ver assim o tempo todo. Não haveria mais guerra, não haveria mais ódio, não haveria mais crueldade, não haveria mais ganância... Suponho que o grande problema seria que nos prostraríamos em adoração mútua. Mas nada disso pode ser *visto*, só pode ser crido e "compreendido" graças a um dom peculiar[36].

A compaixão precisa de espaço porque o amor requer um lugar desimpedido para o encontro entre a graça e a natureza. Em um mundo repleto de informações, precisamos encontrar espaço para que a alma cresça.

Meditação

Se o espaço de nossas almas for reduzido a um minúsculo núcleo ou totalmente perdido, o maior dos lugares não nos satisfará.

Para reflexão

1) Qual você acha que é a relação entre a experiência de solidão e espaço de Merton como um monge trapista e sua experiência de conexão na esquina da Rua Quarta com a Rua Walnut?

---

36 MERTON, T. *Conjectures of a guilty bystander*. Garden City: Doubleday, 1966, p. 140-142.

2) Você dispõe de lugares para experimentar a solidão e o espaço? Se não, de que outras maneiras você pode cultivar uma sensação de solidão e espaço onde quer que esteja?

3) Quais são os obstáculos para criar o espaço da "alma" em sua vida? Que etapas você pode seguir para removê-los?

4) Encontre um espaço onde você possa ser você mesmo. Esteja atento ao seu coração, aos seus sentimentos e aos seus sentidos. Pense nas pessoas em sua vida; medite em Deus. Escreva o que é mais importante para você nesse momento.

4

Os pilares da pobreza e da humildade

Até aqui falei de alma, de espaço e deserto, mas há uma relação disso com a pobreza espiritual, o tipo de pobreza que é abençoada com uma comunidade de amigos no Reino de Deus. O senso de companheirismo de Francisco não nasceu do romantismo, mas de um profundo senso de fraternidade. "O que permitiu a Francisco entrar nesta experiência de fraternidade com toda a criação foi a ascese da pobreza"[37]. Leonardo Boff explica que a pobreza "é uma forma de ser na qual o indivíduo deixa as coisas serem o que são; recusa-se a dominá-las, subjugá-las e torná-las objetos da vontade de poder"[38]. Esse abraçar a pobreza requer "uma renúncia ao instinto de poder e de domínio sobre as coisas"[39]. O poder possessivo torna impossível a verdadeira comunicação entre as pessoas e com a criação. A pobreza interior é renunciar à necessidade de controlar e possuir e reconhecer que necessitamos uns dos outros.

---

37 Apud HIMES, M. & HIMES, K.J. "Creation and an environmental ethic". In: *Fullness of faith*: the public significance of theology. Nova York: Paulist, 1993, p. 119.

38 Ibid.

39 Ibid.

Ao se tornar pobre, Francisco se abriu à fraternidade. A pobreza foi o caminho para a experiência da fraternidade universal. Por meio da pobreza, Francisco reconheceu sua própria condição de criatura, uma criatura entre muitas criaturas, um pobre em meio à pobreza da criação. Ele percebeu que, como criatura, "não estava acima das coisas, mas junto delas, como irmãos e irmãs da mesma família"[40].

A pobreza da criação reflete um Deus de amor misericordioso e generoso. Na verdade, a única razão para qualquer coisa existir, de acordo com Boaventura, é o dom gratuito do amor transbordante de Deus. O universo existe porque Deus o ama e deseja se entregar a ele. Michael e Kenneth Himes afirmam:

> Totalmente dependente, a criação é divinamente doada. Assim, ver a criação como um todo ou qualquer criatura em particular como o que é – ou seja, totalmente dependente da vontade graciosa de Deus –, é ver revelada a graça que é seu fundamento em ser. Visto que toda a existência é um ato ato livre de Deus – o *ágape* transbordante que é a fonte de todo ser –, tudo que existe é sacramento da bondade e do poder criativo de Deus[41].

A pobreza da existência criada revela a riqueza da presença divina e, na pobreza da criação, a pessoa humana é a revelação mais plena de Deus. Pobreza significa receptividade, e a criação é o ventre da graça de Deus. Boaventura indicou que a pessoa humana é "o pobre do deserto", simplesmente porque foi criada. Embora os seres humanos originalmente tenham se mantido eretos na criação – o que significa ter sua cabeça apontada na direção certa, em direção a Deus – eles eram pobres, pois foram criados do nada por Deus. A

---

40 Ibid.

41 HIMES, M. & HIMES, K.J. "The sacrament of creation: toward an environmental theology". In: *Commonweal*, 26/01/1990, p. 45.

partir do momento em que os seres humanos reconhecem e aceitam sua própria pobreza, eles conhecem a Deus. Mas quando eles se recusam a ser pobres, desejam possuir em vez de receber. Essa é a raiz do pecado, afirma Boaventura, porque os seres humanos escolhem amar o seu próprio bem em vez de receber os bens do divino Doador.

Boaventura prossegue dizendo que, quando aceitamos a pobreza como criaturas, temos tudo porque temos Deus. Uma vez que recusamos essa pobreza no desejo de possuir as coisas, acabamos sem nada. Em nossa recusa em aceitar a pobreza de nossa humanidade, podemos acabar nos destruindo.

Francisco de Assis tinha uma compreensão profunda da pobreza no que se refere à condição humana. Sua compreensão da pobreza caminha de mãos dadas com sua compreensão do pecado. Em sua segunda admoestação, ele falou do pecado como autoapropriação. Assim como quando comemos, consumimos ou ingerimos coisas para nós mesmos, também o pecado entrou na condição humana quando começamos a consumir para nós mesmos. Isso é simbolizado pelo ato de comer da árvore proibida por Deus (Gn 2,17). Francisco descreveu o pecado como uma forma de apropriação do dom da liberdade e exaltação da bondade que nos cerca. Pegar o que não nos pertence, reivindicá-lo como nosso e usá-lo para o progresso pessoal é pecado. Francisco, portanto, descreveria o pecado como: pegar, se apropriar ou agarrar; autoexaltação e autoengrandecimento.

A questão é esta: o que nos pertence? A propriedade pode até ser um direito legal, mas a possessividade é um valor, uma atitude. Só quando vivemos como pessoas pobres reconhecemos que os bens deste mundo não nos pertencem e, portanto, não podemos possuí-los. Aliás, eles são dons de Deus. Viver em receptividade ao dom da bondade de Deus na criação é viver como uma pessoa pobre, aberta e dependente do bem da pessoa humana, do bem da terra e do bem do cosmos. Quando reivindicamos o bem como nosso e nos recusamos a compartilhar os bens de nossas vidas, erramos o alvo da justiça de Deus; isso é o pecado.

A cegueira do pecado

O pecado, segundo o pensamento de Boaventura, é afastar-se de Deus e voltar-se para o eu de tal maneira que nos tornamos curvados, cegos de intelecto e nos enredamos em um número infinito de questões. Vagamos pelo mundo em busca do bem (ou do amor) porque não conseguimos reconhecê-lo em nosso meio. Cegos em intelecto e distorcidos em nossos desejos, começamos a agarrar e agarrar para nós mesmos o que realmente não nos pertence. Em vez de sermos pobres radicalmente dependentes de Deus, fazemos de nós pequenos deuses e centros de nosso universo. Usamos tudo para nossos próprios fins e tiramos dos outros o que não nos pertence por direito.

Quando despojamos o mundo do bem comum que é um dom de Deus à criação, criamos um novo sistema de pobreza. Passamos da verdadeira pobreza da dependência radical para a falsa pobreza da ganância. Achamos que nunca temos o suficiente e, portanto, partimos para adquirir mais e mais coisas às custas de outras pessoas e da própria criação não humana. O pecado de recusar nossa pobreza é a injustiça. Nossa necessidade de acumular e de possuir tudo pode nos separar de outras pessoas e do mundo natural, e submetemos os outros por meio da dominação e do poder. Perdemos nosso senso de piedade ou relacionamento verdadeiro. O mundo não é apenas despojado de sua bondade, mas os relacionamentos são rompidos porque deixamos de reconhecer nossa mútua dependência e, portanto, deixamos de reconhecer nossa dependência de Deus.

Boaventura afirma que o pecado do ser humano é realmente pecado contra o Filho de Deus. O desejo humano de poder é pecado contra Aquele que é a imagem perfeita de Deus e, portanto, igual a Deus. O Filho de Deus, diz ele, aceita a pobreza da condição humana para mostrar que a igualdade com Deus não é algo a que devemos nos agarrar. Na cruz, o próprio Deus se torna pobre. A pobreza da cruz, conforme indica Boaventura, é um mistério da pobreza porque na cruz Deus não "possui", mas "comunica" plenamente o mistério do seu amor na sua abertura e na aceitação radical da pessoa humana. No Cristo crucificado, a força se torna fraqueza, o Deus poderoso se torna pobre. A pobreza se manifesta na trajetória histórica de Jesus e se expressa na figura nua do Crucificado que nos convida a segui-lo, colocando nossa absoluta confiança só em Deus. O mistério da pobreza é a recriação da pessoa humana, onde se pode estar diante de Deus sem exigências. A pobreza leva de volta ao centro da inocência original porque é o cumprimento de uma nova lei que não promete bens temporais, mas amor.

A pobreza e os relacionamentos

Podemos pensar que Francisco chegou a uma compreensão profunda da pobreza renunciando a seus bens materiais. Mas isso não é totalmente verdade. Em nenhum lugar ele escreveu sobre viver *sine rebus huius mundi* (sem as coisas deste mundo) ou na miséria. Normalmente, ele escrevia sobre viver *sine proprio*, isto é, sem nada de próprio.

A questão central da pobreza, para Francisco, era: como posso realmente chamar algo de meu? Embora a pobreza material fosse importante para ele, ela não era o seu objetivo. Ao contrário, a pobreza material era um sinal externo de uma pobreza interior muito mais profunda. Podemos dizer que a pobreza material é de natureza sacramental. Ela aponta para aquela pobreza interior, de espírito, proclamada por Jesus: "Bem-aventurados os pobres de espírito, porque deles é o Reino dos Céus" (Mt 5,3).

A pobreza material é o primeiro e não o passo definitivo em direção à verdadeira pobreza, na qual reconhecemos que tudo o que temos, incluindo nossas vidas, é uma dádiva. Sem pobreza material, é difícil nutrir a verdadeira pobreza. Mas sem a verdadeira pobreza, a pobreza material é absurda. Na busca pela totalidade, a pobreza deve ser de natureza sacramental, um esforço contínuo para viver mais profundamente no espírito de não possessividade.

Francisco foi um observador atento da condição humana, e sua compreensão da pobreza como a essência da humanidade veio das lições cotidianas da vida – vivendo com os outros. Embora Francisco raramente fale da pobreza em seus escritos (o que é surpreendente, já que outros fizeram da pobreza a marca característica de sua vida), ele destacava três áreas nas quais a pobreza é inserida em um contexto cotidiano enquanto buscamos um relacionamento correto com Deus: (1) nosso eu interior, (2) nossas relações com os outros e (3) nossas relações com Deus[42].

Em relação ao ser interior, Francisco viu como as pessoas se apegam aos dons que Deus lhes deu, por exemplo: habilidades, sabedoria, conhecimento, habilidade com a linguagem, boa aparência e riquezas, dominando as outras pessoas. Em uma de suas admoestações, ele diz que "são mortos pela letra aqueles que somente desejam conhecer as palavras para serem considerados mais sábios do que os outros" (Adm VII)[43]. Não é difícil encontrar aqueles que querem "exibir" seus conhecimentos ou ganhar uma discussão ou ter a última palavra ou a mais inteligente. A pessoa humana se apega ao conhecimento como se ele fosse uma posse que a distingue acima dos demais. Essa pessoa, segundo Francisco, não é pobre.

---

42 A base desta seção é a discussão de Regis Armstrong sobre a pobreza em Francisco de Assis em *Francis of Assisi*: writings for a gospel life (Nova York: Crossroad, 1994, p. 152-165; cf. esp. p. 154).

43 *Fontes*, p. 99.

Da mesma forma, a pessoa que só se preocupa consigo mesma, seja com a própria saúde, a própria família, o trabalho, a honra ou a reputação, não é pobre. Você já conheceu alguém em que toda a conversa é focada em seu trabalho, família ou saúde? Alguém tão preocupado consigo mesmo que não importaria se você fosse uma minhoca ou um girino ou se estivesse ou não ouvindo? Essa pessoa não é pobre. O pobre se retira, não por autocomiseração, mas por humildade, abrindo espaço para o outro ser ele mesmo e entrar na sua vida nos seus próprios termos. Esse retraimento é uma espécie de "desapego", criando espaço para que a outra pessoa possa existir. A doutrina mística judaica do Tzimtzum afirma que Aquele que é onipresente e onipotente e que preenche todas as coisas cria retirando-se. Deus cria um espaço dentro de si mesmo retirando-se, para que o não Deus, o outro, venha a existir[44].

Embora Deus se recolha para que possamos existir, não nos recolhemos facilmente e tendemos a nos apegar às coisas. Francisco indicou que nos apegamos a atitudes e comportamentos, tanto quanto nos apegamos a nossos bens materiais. Conheci pessoas que se apegam às mágoas do passado com a intensidade de uma ferida recente, embora a pessoa que provocou essa indignação emocional já tivesse morrido há muito tempo. As pessoas se apossam dos fantasmas do passado com tenacidade, recusando-se a deixar ir e viver no presente. Essas não são pessoas pobres e geralmente deixam de desfrutar a presença do amor de Deus.

Francisco considerava a raiva, ou a perturbação por causa do pecado alheio, como uma marca de possessividade. Ele sugeria que devemos voltar nossa atenção para o pecador ao invés do pecado. Caso contrário, apegamo-nos à nossa raiva e nos aborrecemos por-

---

44 Apud NOUWEN, H.J.M. *The wounded healer*: ministry in contemporary society. Nova York: Image, 1979, p. 91 [trad. bras.: *O curador ferido*. Petrópolis: Vozes, 2020].

que julgamos com justiça própria aquele que peca[45]. A raiva pode transformar a oração em uma panqueca – fina e achatada – impedindo que nos abramos para Deus porque estamos muito cheios de nós mesmos.

Na Admoestação XIV, por exemplo, Francisco escreve: "Muitos há que, insistindo em orações e serviços, fazem muitas abstinências e macerações em seus corpos, mas, por causa de uma única palavra que lhes parece ser uma injúria a seu próprio eu ou por causa de alguma coisa que se lhes tire, sempre se escandalizam. Estes não são pobres de espírito" (Adm. 14)[46]. As palavras de Francisco nos lembram a advertência de Paulo aos coríntios: "E ainda que eu distribua todos os meus bens entre os pobres e ainda que entregue o meu próprio corpo para ser queimado, se não tiver amor, nada disso me aproveitará (1Cor 13,3).

Assim como Paulo, Francisco nos recorda que, sem amor, a pobreza material é inútil e talvez pecaminosa. O que somos chamados a fazer como pessoas pobres é "deixar as coisas fluírem e deixar que Deus seja Ele mesmo" – deixar ir tudo a que nos agarramos e permitir que Deus seja o centro de nossas vidas; não possuir nada (ou ninguém) para nós mesmos, mas ter somente Deus.

Claro, o centro primário da posse humana é a vontade. Esse é o nosso centro mais valioso porque é o próprio cerne de nossos apegos. A vontade é a fonte do livre-arbítrio, o centro de tomada de decisão da pessoa humana. É mais vulnerável porque pode ser facilmente ameaçada. Nós nos apegamos à nossa vontade quando somos

---

45 Em sua primeira regra, Francisco escreve: "E cuidem todos os irmãos para não se caluniarem nem porfiarem com palavras [...] e não se irem, [...] mas amem-se uns aos outros; que não murmurem, não difamem os outros, [...] que não considerem os mínimos pecados dos outros" (cf. RnB, 11, in: *Fontes*, p. 174). Cf. tb. Admoestação 8,14. Na oitava admoestação, Francisco diz: "todo aquele que inveja seu irmão, por causa do bem que o Senhor diz e faz nele, pertence ao pecado de blasfêmia, porque inveja o próprio Altíssimo que diz e faz todo o bem" (*Fontes*, p. 99).
46 *Fontes*, p. 101.

desafiados ou ameaçados em nossa personalidade. Quando se trata de vontade, gostamos até de negociar com Deus. Dizemos coisas como: "Vou parar de comer *junk food* se Deus me tornar magro" ou "Vou voltar à igreja se Deus me enriquecer". A vontade, na visão de Francisco, é o lugar da liberdade e a raiz do pecado, porque aí que nós decidimos se vamos nos agarrar a algo e nos apropriar para nós mesmos ou compartilhar com os outros.

Francisco percebeu que a gravidade da vontade autocentrada só pode ser transformada pelo centramento no outro. A virtude da obediência, a seu ver, pode ser um meio de transformação porque requer ouvir o outro e renunciar à nossa vontade por amor um ao outro. A obediência não requer um superior, um oficial comandante ou um pai exigente. Na verdade, essa obediência ocorre plenamente entre amigos, amantes, família ou na comunidade. Obediência não significa uma hierarquia, uma cadeia de comando de cima para baixo, mas uma relação de mutualidade em que o poder do amor é maior do que o poder da vontade própria. Enraizada na força do amor, a obediência se torna expressão de pobreza, deixando de lado o que tornamos como nosso e entregando-nos nas mãos de outrem. A obediência não exige tanto fazer a vontade do outro, mas escutá--lo (*audire*) e doar-se ao outro por amor.

Segundo Francisco, Jesus era o modelo de verdadeira obediência porque não desejava outra coisa senão fazer a vontade do Pai, ou seja, amar o Pai até a morte. A obediência, portanto, pode restaurar nossa vontade própria decaída e nos direcionar à vontade de Deus. A vontade de Deus é o seu amor por nós, mesmo que esse amor chegue até nós mediado pelo nosso relacionamento com os outros. Sem obediência, tornamo-nos indivíduos isolados e privatizados, trancados e encerrados em nós mesmos e, portanto, separados do amor de Deus que busca nos abraçar em qualquer pessoa humana e na bondade das criaturas mais simples.

A obediência, fruto da pobreza, se manifesta nas relações justas comunitárias. Francisco viu a pobreza como a base da comunidade porque a pobreza é a base da interdependência. Quando precisamos, dependemos de outras pessoas. Ele via Cristo como o modelo e o centro da comunidade, porque assim como Jesus vivia de esmolas e era pobre, nossa pobreza significa ser dependente dos outros [e, portanto, de Deus]. Em suma, a propriedade pode tornar a comunidade impossível porque, quando possuo as coisas com espírito de posse, não preciso dos outros. A propriedade como possessividade pode criar autossuficiência, independência e, portanto, divisão. O espírito de possessividade pode colocar a pessoa acima e contra as outras.

O que Francisco indicava é que nem o trabalho nem uma visão compartilhada são capazes de unir as pessoas, mas sim o Espírito de amor. A pobreza como dependência radical é a linguagem do amor, uma preocupação mútua. É a linguagem que diz: "Preciso de você, de seus dons, de sua bondade, de suas ideias e de sua ajuda. *Quem* e *o que* você é são coisas essenciais para mim porque sem você eu realmente não posso ser eu mesmo". Assim, a pobreza fala a linguagem do amor um pelo outro porque diz: "Eu preciso de você para ajudar a completar minha vida". A menos que estejamos dispostos a renunciar àquilo a que nos agarramos em relação uns aos outros, falhamos na pobreza e assim não valorizamos os dons do amor de Deus plantados em cada ser humano único. A pobreza de coração, escreve Johannes B. Metz, é a forma como experimentamos a plenitude calorosa da existência humana:

> Devemos nos esquecer de nós mesmos para permitir que a outra pessoa se aproxime de nós. Devemos ser capazes de nos abrir para ela a fim de permitir que sua personalidade distinta se desenvolva – mesmo que muitas vezes isso nos assuste e nos afugente. Fre-

> quentemente, mantemos a outra pessoa para baixo e só vemos o que queremos ver; então nunca encontramos realmente o segredo misterioso de seu ser, apenas nós mesmos. Sem nos arriscarmos na pobreza do encontro, entregamo-nos a uma nova forma de autoafirmação e pagamos o preço por isso: a solidão. Por não nos arriscarmos na pobreza da abertura (Mt 10,39), nossas vidas deixam de ser agraciadas com a plenitude calorosa da existência humana. Resta-nos apenas uma sombra de nosso verdadeiro eu[47].

A pobreza nos fala da verdade mais profunda de nossa existência; a verdade de que somos criados por Deus e somos dependentes dele. Ela é a irmã da humildade e nos ajuda a perceber que *tudo o que temos é dom*. Humildade (do latim *"humus"* ou terra/argila) é ficar com os dois pés no chão; é nossa realidade terrena. A pessoa humilde que vive do autoconhecimento aceita a própria vida com suas forças e fraquezas, respondendo à vida com o dom de ser. A humildade pode abrir o coração das pessoas para o espírito renovador da graça e tornar possível o retorno da criação ao Pai. Thomas Merton dizia que, se fôssemos realmente humildes, não nos preocuparíamos conosco, apenas com Deus[48].

Essa ideia parece possível apenas para os santos. No entanto, quando estamos livres de fixações, de nosso apego às coisas, somos capazes de perseguir nossos objetivos espirituais, de realmente viver no amor e nos devotarmos a uma vida de adoração. Isso não significa desviar nossa atenção da terra para um lugar imaginável chamado céu. Em vez disso, adorar a Deus é ver a bondade de todas as coisas criadas neste maravilhoso Planeta Terra. É perceber que

---

47 METZ, J. *Poverty of spirit*. Nova York: Newman, 1960, p. 45, apud NOUWEN, H.J.M. *Reaching out*: the three movements of the spiritual life. Nova York: Doubleday, 1966, p. 107.

48 MERTON, T. *New seeds of contemplation*. Nova York: New Directions, 1961, p. 189.

tudo é presença cheia de Deus. Que tudo compartilha da abundância do amor.

Francisco falava da humildade como irmã da santa pobreza. A pobreza e a humildade nos permitem contemplar a bondade de Deus na criação porque nos tornam livres para ver as coisas como elas são, dádivas únicas e irrepetíveis de Deus amadas e irrepetíveis. Só quem pode saborear o mundo e vê-lo como expressão do amor de Deus é aquele que renuncia ao desejo de possuí-lo. No nível das relações humanas, a pobreza e a humildade nos possibilitam abertura recíproca para receber e partilhar uns com os outros. Assim como as pessoas da Trindade se distinguem pela partilha do amor, também a pobreza e a humildade constituem uma verdadeira comunidade humana. Barbara Fiand diz que "a bem-aventurança dos pobres, ao que parece (aquilo que une as pessoas [no verdadeiro sentido do termo] faz com que se solidarizem umas com as outras), é sua *necessidade* e, mais ainda, o *conhecimento* de suas necessidades, pois é *isso* que os torna abertos, receptivos, gratos"[49]. Só o cuidado uns com os outros pode verdadeiramente humanizar a vida. Aqueles que estão abertos e vazios o suficiente, que podem receber e dar o que receberam, nos ensinam que a pobreza é nosso caminho para Deus.

Pobreza e humildade são os pilares da compaixão. Quando não possuímos, mas vivemos abertos e dependentes uns dos outros, vivemos com uma capacidade de compaixão. Encontramos um exemplo da prática de pobreza e compaixão de Francisco em sua Carta a um Ministro, na qual exorta um de seus irmãos (provavelmente um guardião ou líder de certo lugar) a responder a um irmão "difícil" com uma escuta cordial. Francisco diz ao ministro que o amor deve ser sua prioridade, mesmo que o irmão seja obstinado ou agressi-

---

49 FIAND, B. *Living the vision*: religious vows in an age of change. Nova York: Crossroad, 1990, p. 59.

vo. O líder deve ser um ouvinte do Espírito, atento à presença de Deus no irmão, cuja vida ele deve guiar. O ministro pode às vezes querer fugir de suas responsabilidades, mas deve permanecer fiel para amar o irmão em vez de evitar conflitos. Mesmo que o ministro queira punir ou repreender o "irmão problemático", ele deve se abster de fazê-lo, pois o amor vence o pecado e é mais forte do que a morte. Este é o caminho da verdadeira liderança, indica Francisco: amar os que estão sob seus cuidados como uma mãe ama seu filho. Ele prossegue:

> E nisto quero reconhecer que tu amas o Senhor e a mim, servo dele e teu, se fizeres isto: não haja no mundo um irmão que pecar, o quanto puder pecar, que, após ter visto teus olhos, nunca se afaste sem a tua misericórdia, caso buscar misericórdia. Se não buscar misericórdia, pergunta-lhe se quer obter misericórdia. E se depois ele pecar mil vezes diante de teus olhos, ama-o mais do que a mim para trazê-lo ao Senhor; e tenhas sempre misericórdia desses irmãos. E, quanto puderes, comunica aos guardiães que decidiste agir assim (Mn 9-12)[50].

A prioridade de Francisco era o amor, não o pecado. Para nós também deveria ser assim. Quando vemos apenas as fraquezas de outra pessoa ou a julgamos por suas ações erradas, deixamos de ver a bondade de Deus dentro dela. Francisco nos pede que abandonemos nossos julgamentos e críticas e amemos com compaixão. Devemos agir com misericórdia – *misericordia* significa deixar que a miséria dos outros nos toque em nossa pobreza de coração.

Nossa tendência é o oposto – julgar, condenar, punir e nos fixarmos em nossas feridas. Mas Francisco entendeu que só o amor cura. A compaixão é a pobreza amorosa que pode alcançar, mesmo

---

50 *Fontes*, p. 120.

em face da oposição, e abraçar. Pois o amor pode curar as feridas de quem sofre, e quem foi curado pode, por sua vez, ajudar a cuidar das feridas dos outros.

Meditação

A pobreza interior é renunciar à necessidade de controlar e possuir e reconhecer nossa necessidade uns dos outros.

Para reflexão

1) Como você vê a relação entre pobreza e humildade? Como sua experiência de obediência se relaciona com sua prática de pobreza e de humildade?

2) Medite sobre a misericórdia de Deus em sua vida. Escreva uma ou duas experiências de misericórdia que fizeram a diferença para você. Reflita sobre como você vivenciou a misericórdia para com os outros.

3) Pratique a pobreza de coração fazendo o seguinte: se hoje alguém está com raiva de você ou você está com raiva de alguém, deixe para lá; se você se sentir magoado, deixe para lá; se você estiver muito ocupado para falar algo com alguém, pare o que estiver fazendo e fale. Reserve uma hora para uma oração silenciosa hoje.

4) Reflita sobre as palavras de Johannes B. Metz nas páginas 60-61: "Por não nos arriscarmos na pobreza da abertura (Mt 10,39), nossas vidas deixam de ser agraciadas com a plenitude calorosa da existência humana. Resta-nos apenas uma sombra de nosso verdadeiro eu".

5) Quais percepções deste capítulo são mais importantes para você? Em que áreas você precisa crescer?

5

As sementes da compaixão

Vivemos a era da "superficialidade globalizada"[51], bombardeados por informações em todos os níveis e incapazes de processá-las com profundidade. O mundo funciona com números e a pessoa humana foi engolida pelas estatísticas. Precisamos de um novo conjunto de valores que nos una, algo mais profundamente humano que nos conecte de coração a coração. A compaixão é a experiência compartilhada da vida das criaturas. Ela une o que está dividido e o que é contrário. A compaixão brota das sementes do amor dentro do coração humano. Nasce do centro mais profundo e une nosso eu mais profundo.

A palavra "compaixão" tem um sentido de empatia ou simpatia; em tibetano, a palavra usada para compaixão significa literalmente "coração nobre". Mary Jo Meadows define compaixão como "o tremor do coração em resposta ao sofrimento de outra pessoa"[52]. A compaixão é a capacidade de "entrar na pele de outra pessoa" para responder com amor e cuidado. É uma conexão profunda com outro; a pessoa respira a dor do outro e expira compaixão. A pessoa compassiva se identifica com o sofrimento dos outros de tal forma

---

51 Devo essa frase ao Padre Adolpho Nicholas, SJ.

52 Apud RUPP, J. *The cup of our life*: a guide for spiritual growth. Notre Dame: Ave Maria, 1997, p. 110.

que abre um espaço dentro do coração para permitir a entrada do sofrimento do outro, não para curá-lo ou eliminar sua dor, mas para estar com ele em solidariedade.

A compaixão precisa de espaço dentro do ser porque ela é amor que alcança e absorve. A compaixão começa não com a vontade de amar, mas com o reconhecimento de que alguém é amado. Portanto, a compaixão começa com Deus. No Antigo Testamento, o Profeta Oseias fala de um Deus de coração terno, um Deus de infinita compaixão. Ele escreve:

> Israel era ainda criança, e já eu o amava, e do Egito chamei meu filho.
> Mas, quanto mais os chamei, mais se afastaram; ofereceram sacrifícios aos Baal e queimaram ofertas aos ídolos.
> Eu, entretanto, ensinava Efraim a andar, tomava-o nos meus braços, mas não compreenderam que eu cuidava deles.
> Segurava-os com laços humanos, com laços de amor; fui para eles como o que tira da boca uma rédea, e lhes dei alimento.
> Ele voltará para o Egito e o assírio será seu rei, porque não quiseram voltar-se para mim (Os 11,1-5).

Esse Deus de profundo amor compassivo é revelado em Jesus Cristo. O amor derramado do coração de Cristo reflete o amor derramado do Pai pelo Filho no amor do Espírito. O dom de si do Pai ao Filho reflete um esvaziamento já dentro do coração de Deus, de tal forma que podemos pensar na cruz como algo que ocorreu no coração de Deus, antes de acontecer no coração da criação. O próprio ato da criação reflete algo como uma "crucificação divina", pois na criação Deus revela que seu poder é seu amor incondicional pelo mundo. O ato de descer ao nada (criação) para se expressar é a humildade de Deus, sua condescendência, o seu movimento de sair de suas próprias riquezas para se tornar pobre[53]. Deus é um amor que move para fora, profundamente apaixonado pela criação porque o Pai está profundamente apaixonado pelo Filho e anseia por ele como uma mãe anseia por seu filho. Hans Urs von Balthasar escreve: "É a saída de Deus para o perigo e o nada da criação que revela que o coração [de Deus] está vulnerável em sua origem; na humildade dessa vulnerabilidade está a condescendência [humildade] de Deus e, portanto, sua prontidão fundamental para ir até o fim do amor na cruz"[54].

Boaventura afirmava que a cruz nos revela o coração de Deus porque revela a vulnerabilidade do amor divino. A cruz de Jesus Cristo é o amor compassivo de Deus experimentado por Francisco em São Damião. Ele se sentiu abraçado por um Deus curvado em amor. Foi por isso que Francisco colocou uma grande ênfase na humildade de Deus. Ele sabia que Deus não era poderoso ou superior em força, mas sim alguém escondido e humilde, no presépio, na cruz e na Eucaristia. Ele reconheceu que o poder de Deus é o amor divino que abraça a frágil humanidade e transforma a morte em vida. Francisco viu esse amor dinâmico especialmente na Eucaristia, o Corpo de Cristo. Por meio desse Corpo, ele aprendeu a abraçar a criação com compaixão:

> Pasme o homem todo, estremeça o mundo inteiro, e exulte o céu, quando sobre o altar, nas mãos do sacerdote, está o Cristo, o Filho de Deus vivo! Ó admirável grandeza e estupenda dignidade! Ó sublime humildade! Ó humilde sublimidade: o Senhor do universo, Deus e Filho de Deus, tanto se humilha a ponto de esconder-se, pela nossa salvação, sob a módica forma de pão! Vede, irmãos, a humildade de Deus e der-

---

53 VON BALTHASAR, H.U. *The glory of the lord*: theological aesthetics – Vol. 2: Studies in theological style. São Francisco: Ignatius, 1984, p. 353.

54 Ibid., p. 356.

ramai diante dele os vossos corações; humilhai-vos também vós, para serdes exaltados por Ele. Portanto, nada de vós retenhais para vós, a fim de que totalmente vos receba aquele que totalmente se vos oferece (CTO 26-29)[55].

A grande mística carmelita Elizabete da Trindade escreveu para sua prioresa: "Deixe-se amar!"[56] Isto é, deixe Deus ser o Deus da sua vida; renuncie àquelas coisas que você julga necessárias ou àquilo que acredita que precisa fazer. Pare de tentar controlar sua vida e seu destino e permita-se ser amada por Deus que a aceita assim como você é, em seu ser mais verdadeiro e a deseja como você é, com todos os seus frágeis limites. Esse Deus de amor compassivo está mais perto de você do que você de si mesma. Deus conhece sua dor e seus sofrimentos: Deus é o Compassivo por excelência.

Quando partiu para os lugares desertos, Francisco ficou assustado, mas começou a rezar e, nisso, passou a reconhecer que não estava sozinho. Ao encontrar Deus, experimentou não um julgamento, mas um amor profundo e compassivo. Essa experiência de amor mudou o rumo de sua vida, e ele percebeu que o amor recompõe o que o pecado fragmentou. À medida que seu ego se transformava pelo abraço de Deus, ele diminuía seu controle sobre as outras criaturas, intuindo a fragilidade e a fraqueza até mesmo da menor das criaturas. Quando refletimos sobre a vida de Francisco, vemos que a compaixão evocou a piedade de sua vida, expressando-se como uma liberdade interior para amar.

Francisco rezava os salmos e era especialmente inspirado pelos salmos de lamentação. Ele compôs um Ofício da Paixão para cultivar a liberdade interior, a empatia e a compaixão. Ao atrair compa-

---

55 *Fontes*, p. 123.

56 ELIZABETE DA TRINDADE. *The Complete Works*. Vol. 1: General introduction: major spiritual writings. Washington: ICS, 1984, p. 179. Também publicada em português pela Editora Vozes, sob o título *Obras Completas* (2. ed., 2006).

nheiros para sua forma de vida, ele reconheceu sua dependência do auxílio dos irmãos. Ele também viu que seus seguidores precisariam cultivar práticas espirituais para fundamentá-los no terreno desorientador de sua aventura evangélica. Conforme o tempo passava e os desafios aumentavam, eles encontraram formas de desenvolver e ajustar práticas espirituais adequadas ao seu estilo de vida, práticas que refletissem sua experiência de Cristo. O Ofício da Paixão pode muito bem representar uma dessas práticas.

A experiência do Crucificado não aconteceu pontualmente nem no início nem no fim da vida de Francisco, mas abrangeu todo o seu caminho. Ao longo de sua vida – provavelmente todos os dias – Francisco cultivou ativamente essa compaixão por Cristo crucificado, como se nota em seu Ofício da Paixão. Ele sabia intuitivamente que sua conversão não poderia ser sustentada simplesmente pela energia emocional de sua experiência religiosa inicial.

Para usar uma analogia contemporânea, uma pessoa em recuperação do alcoolismo pode achar útil a Oração da Serenidade no início do processo. Mas se a recuperação precisa ser mantida, a oração precisa ser aprofundada, interiorizada e expandida.

O Ofício da Paixão foi uma forma pela qual Francisco expandiu seu encontro inicial com o Cristo crucificado e manteve viva a percepção desse encontro por toda sua vida. O alto nível de variação textual na tradição do manuscrito em torno do Ofício da Paixão nos diz que provavelmente ele evoluiu durante um longo período da vida de Francisco[57]. Era um documento de trabalho – sempre um trabalho em andamento –, porque era uma oração vivida.

O gênero literário do Ofício da Paixão não era original de Francisco. A prática de construir orações a partir de versículos dos salmos selecionados pessoal e livremente era comum na Idade Média.

---

57 LEHMAN, L. "Francis' Office of the Passion". In: *Greyfriars Review*, 12, 1998, p. 143-168.

Mas a maneira como Francisco escolheu juntar esses salmos – e seu método de editar, adicionar e subtrair versos dos salmos – nos diz muito sobre como ele interpretava o sentido e o significado da Paixão em sua própria vida. O antropólogo René Girard vê a paixão como o ápice das esperanças e promessas do Antigo Testamento, especialmente conforme descrito nos Salmos, nos quais os primeiros cristãos buscavam orientação. Ele escreve:

> Ao estudar a Paixão, ficamos impressionados com o papel desempenhado pelas citações do Antigo Testamento, particularmente dos Salmos. Os primeiros cristãos levavam essas referências a sério, e a assim chamada interpretação alegórica ou figurativa na Idade Média envolvia a expansão e ampliação apropriada dessa prática do Novo Testamento. Os críticos modernos em geral, e erroneamente, não têm interesse nisso. Eles tendem mais a uma interpretação retórica e estratégica das citações[58].

Francisco de Assis foi um daqueles indivíduos medievais que expandiu e ampliou a prática do Novo Testamento de usar passagens do Antigo Testamento para compreender ou lançar luz sobre o Novo Testamento. Quando alguém reza ou lê os salmos do Ofício da Paixão, emergem pelo menos dois elementos significativos: primeiro, eles estão na voz da vítima; segundo, eles promovem a empatia do leitor. Girard escreve:

> Particularmente nos Salmos penitenciais, vemos a palavra passar dos perseguidores às vítimas, dos que fazem história aos que estão sujeitos a ela. As vítimas não apenas levantam suas vozes, mas também vociferam, mesmo em meio à perseguição. Seus inimigos as cercam e se preparam para atacá-las. Às vezes,

---

58 GIRARD, R. *The scapegoat* [*O bode expiatório*]. Baltimore: Johns Hopkins University Press, 1986, p. 102.

esse inimigos retêm a aparência animal monstruosa que tinham na mitologia; como as matilhas de cães ou manadas de touros, "feras fortes de Basã". No entanto, esses textos são arrancados da mitologia, como claramente evidenciou Raymond Schwager: eles rejeitam cada vez mais a ambivalência sagrada a fim de devolver a humanidade à vítima e revelar a natureza arbitrária da violência que a atinge[59].

As seguintes linhas, compostas por Francisco, poderiam ter sido pronunciadas tanto pela boca de um leproso expulso de Assis como pela boca de Jesus, prestes a ser crucificado:

> Meus amigos e companheiros aproximaram-se e postaram-se diante de mim
> e os meus vizinhos mantiveram-se à distância.
> Afastastes para longe de mim os meus conhecidos, eles me consideraram como abominação para eles (OP I,7)[60].

Os leprosos viviam no vale, fora dos portões de Assis e, portanto, longe do fluxo normal da cultura e da sociedade. Não eram autorizados a entrar na cidade e, quando o faziam, tinham de tocar uma campainha para alertar os cidadãos que um "intocável" se aproximava. Estavam relegados à condição de "mortos-vivos" porque, uma vez identificados como leprosos, desciam à sepultura com um ritual fúnebre que ocorria diante de seus próprios olhos. Portanto, as seguintes linhas podem ter sido ditas por um leproso:

> Fui contado com os que descem à cova,
> tornei-me um homem sem auxílio, solitário entre os mortos (OP II,10)[61].

---

59 Ibid., p. 104.

60 *Fontes*, p. 141.

61 *Fontes*, p. 143.

Esse mesmo tema aparece no Salmo IV:

> Todos os que me viam zombaram de mim,
> cochicharam com seus lábios e menearam a cabeça.
> Eu, porém, sou um verme e não homem,
> o opróbrio dos homens e a abjeção da plebe.
> Tornei-me o opróbrio para meus vizinhos,
> muito mais do que todos os meus inimigos,
> e temor para os meus conhecidos (OP IV,6-8)[62].

Em contraste com o fascínio moderno pela violência física da Paixão de Cristo, como no filme de Mel Gibson *A Paixão de Cristo*, esses salmos focalizam a disposição interior de Jesus enquanto Ele padece o destino da vítima que é expulsa da sociedade e condenada à morte. O foco está no coração de quem sofre. "E meu coração tornou-se como cera a derreter-se nas minhas entranhas" (OP VI,7)[63].

Tem-se a sensação de que essas orações não têm o objetivo de inspirar um sentimento de culpa na pessoa que as recita, mas um sentimento genuíno de empatia pela vítima. A recitação diária dessas orações, aproximadamente a cada três horas, correspondentes às horas da Paixão de Cristo, deve ter tido um efeito profundo na visão de mundo de Francisco. Deve ter suscitado questões sobre como responder ao lamento e à rejeição dentro dos salmos, como ocorria na vida que acontecia diante dos olhos de Francisco. Frequentemente, não notamos a vítima perseguida, o bode expiatório; removemo-la de nosso campo de visão comum e criamos pontos cegos que tornam mais difícil ver a vítima inocente. Para perceber a vítima inocente, deve-se estar disposto a peneirar a névoa de ilusão criada pela cultura dominante. Não se pode simplesmente pesquisar "bode expiatório" no Google – é preciso tentar reconhecer fisicamente a vítima como pessoa. Girard escreve:

---

62 *Fontes*, p. 144-145.

63 *Fontes*, p. 146.

> Quase ninguém está ciente de suas próprias deficiências. Devemos nos questionar se quisermos entender a enormidade desse mistério. Cada pessoa deve perguntar qual é sua relação com o bode expiatório. Não estou ciente das minhas e estou persuadido de que isso também se aplica aos meus leitores. Só temos inimizades legitimadas. E ainda assim o universo inteiro está cheio de bodes expiatórios. A ilusão de perseguição é tão galopante como sempre, menos tragicamente, mas mais astuciosamente do que sob Guillaume de Machaut[64].

(Embora não usasse essa terminologia), Francisco foi alguém que refletiu sobre a questão: "Qual é a minha relação com a vítima?" A maneira como recitava regularmente o Ofício da Paixão o ajudou a suscitar essa questão e facilitou a conscientização das vítimas inocentes em seu meio.

O Ofício da Paixão foi a maneira de Francisco desenvolver uma consciência de compaixão. Ele demonstrou compaixão pelas pessoas porque acreditava que sua humanidade refletia Deus. Sua compaixão não era "fazer para", mas "estar com", uma solidariedade no amor que aceitava a fraqueza como um convite ao amor. O Ofício da Paixão foi a maneira de Francisco desenvolver uma consciência de compaixão. Ele mostrou compaixão pelas pessoas porque acreditava que sua humanidade refletia Deus. Sua compaixão não era "fazer para", mas "estar com", uma solidariedade no amor que aceitava a fraqueza como um convite ao amor. A profundidade de seu amor se unia com o amor compassivo de Deus, ansiando por integridade e cura, por unidade e plenitude de vida; um amor que

---

64 GIRARD, R. *The scapegoat*. Op. cit., p. 41. A menção do cronista tardo-medieval, Guillaume de Machaut, refere-se ao primeiro capítulo de *O bode expiatório*, "Guillaume de Machaut e os judeus", no qual Girard analisa a reivindicação de Guillaume e a crença amplamente difundida do período em que os judeus seriam os responsáveis pela peste negra.

buscava capacitar os outros. O autor da Compilação de Assis descreve Francisco caminhando sozinho um dia ao longo de uma estrada não muito longe da igreja, onde ouviu uma voz falando com ele da cruz; ele estava chorando alto e gemendo enquanto caminhava. Um transeunte lhe perguntou: "Irmão, o que há de errado?", pensando que Francisco sofresse com alguma doença dolorosa. Mas Francisco não chorava de dor ou autocomiseração, chorava de profunda compaixão pelo Cristo crucificado – o Deus abandonado em sua sofrida humanidade (CA 78)[65].

Certa vez, um frade mais idoso foi muito afligido por uma "tribulação na carne, parecia como que absorvido pelo abismo do desespero". Ele tinha tanta vergonha de seus pensamentos que tinha medo de falar sobre eles ou confessá-los a alguém. Um dia, enquanto caminhava com Francisco, o santo disse-lhe: "Irmão, digo-te que doravante não deves confessar a tua tribulação. E não temas" (2Cel 124)[66]. Francisco exortou o irmão a orar quando se sentisse tentado e a não se preocupar. Ele procurou restaurar nos indivíduos a integridade de coração, para que pudessem estar em paz consigo mesmos e com os outros. Recitava continuamente o Ofício da Paixão. Francisco percebeu que um irmão sofredor é uma comunidade sofredora, e que um irmão com sua saúde mental e física restaurada significa uma comunidade viva em Deus. Essa compaixão destoava do espírito de sua época, como também destoa do espírito do nosso tempo. Fazemos melhor em fazer com que os outros caiam, ou pior, nós os empurramos para o abismo. Tomás de Celano escreveu:

> Ai! Miseranda insensatez do nosso tempo! Não somente não erguemos ou seguramos os fracos, mas por vezes os empurramos para caírem (2Cel 177)[67].

---

65 Cf. *Fontes*, p. 907.

66 *Fontes*, p. 380.

67 *Fontes*, p. 410.

Francisco procurou construir a pessoa humana em meio às fragilidades humanas, para restaurar sua dignidade como humana e mostrar o quanto cada pessoa é valiosa na família da criação. Seu modo de vida era difícil, mas sua misericórdia era grande. Os famintos precisavam comer, os doentes precisavam de cuidados e os simplórios exigiam orientação gentil. Ele se irritava com os irmãos, mas amava-os ainda mais. Certa vez, quando um irmão enfermo teve vontade de comer uvas, Francisco o levou para a vinha e colheu uvas e começou a comê-las para que o irmão não se sentisse sozinho.

Quando um homem muito simples chamado João desejou se juntar a Francisco, Francisco fez dele seu companheiro especial pelo dom da simplicidade (2Cel 190,5-10)[68]. João imediatamente repetia e imitava todos os gestos de São Francisco: "Cuspia quando ele cuspia, tossia quando ele tossia, unindo suspiros aos suspiros e associando prantos aos prantos; quando o santo elevava as mãos ao céu, também ele as elevava, observando-o atentamente como a um modelo e reproduzindo tudo em si mesmo" (2Cel 190)[69]. A nossa tendência é ignorar ou repreender quem nos irrita, mas Francisco viu em João o dom da simplicidade e, embora não gostasse de ser arremedado, deliciava-se com a simplicidade de João. Assim, proibiu-lhe com ternura, para que daquele momento em diante não tornasse a imitá-lo (2Cel 190,13).

Certa vez, o convento dos irmãos foi invadido por ladrões que roubaram a pouca comida de que os frades dispunham. Francisco voltou ao convento depois de recolher comida e vinho para a comunidade e soube do incidente por Frei Ângelo. Enquanto Ângelo estava zangado com os ladrões e queria vingança, Francisco julgou que os ladrões deviam estar com fome, então deu o pão e o vinho

---

68 *Fontes*, p. 418-419.

69 *Fontes*, p. 419.

que havia coletado para Ângelo e ordenou que ele fosse procurar os ladrões e lhes desse a comida extra. Ângelo não entendeu a decisão, mas agiu conforme lhe foi dito. Ao encontrar os ladrões, deu-lhes a comida, conforme a ordem dada por São Francisco. Quando os ladrões ouviram isso, eles tomaram consciência de seus erros e se arrependeram (Fior 26)[70].

A genialidade de Francisco é que ele viu a necessidade humana básica como motivo para a ação. A necessidade humana dos ladrões se tornou a ocasião para pregar o Evangelho, seguindo o exemplo de Jesus que comia e bebia com pecadores. O pão e o vinho que Francisco mendigou e que deu aos ladrões tinham Deus como fonte. Francisco se tornou um instrumento de Deus ao compartilhar essa bondade com os ladrões em necessidade. Ele não se colocou acima dos ladrões como Ângelo, mas estava com eles em suas necessidades. Francisco entendeu que Deus assume não apenas nossa humanidade, mas também nossa fragilidade. Michael Blastic escreve que, "quando o Frei Ângelo viu os três ladrões, ele viu o pecado, algo que desqualificou a necessidade desses homens. Quando Francisco viu os três ladrões, viu três pessoas necessitadas, e não seria forçar demais a analogia dizer que quando Francisco viu os três ladrões viu Jesus Cristo que assumiu nossa fragilidade e nossa pobreza"[71]. A encarnação é salvífica porque é o abraço da condição humana antes de qualquer referência ao pecado. A pessoa compassiva oferece salvação oferecendo um amor que cura.

A compaixão é uma forma de se relacionar com o outro que o aceita em sua fraqueza e responde com misericórdia às suas necessidades. Desse modo, a compaixão é eucarística; é reconciliadora,

---

70 *Fontes*, p. 1.534ss.

71 BLASTIC, M. "Attentive compassion: Franciscan resources for ministry". In: WICKS, R.J. (ed.). *Handbook of spirituality for ministers*. Vol. 2: Perspectives for the 21st Century. Nova York: Paulist, 2000, p. 255.

uma continuação da Encarnação, mostrando o desejo de Deus de estar conosco. A necessidade humana autêntica convida a compaixão à sua casa. Muitas vezes rejeitamos as pessoas em suas fraquezas; recusamos aqueles com necessidades diferentes das nossas; não temos tempo para os empobrecidos ou os fracos. Ficamos constrangidos com os fracos e procuramos evitá-los porque não podemos aceitar ou crer que essa pessoa fraca seja Deus e que Deus esteja nessa carne fraca. No entanto, sem essa crença, não somos cristãos, pois este é o significado da Eucaristia, como capta Graziano Marcheschi em seu poema *Tabernáculos*:

> Foi muito rápido.
> Um inocente de cérebro fraco,
> refugiado de espaços intermediários,
> movendo-se na hora errada: o Pão erguido,
> o Cálice envolto no mistério,
> e ele escolhe esse momento para mudar seu assento
> de um lado da igreja para o outro.
> Por um momento, sua cabeça bloqueia a visão
> do pão cedendo ao milagre.
> Por um momento, seu rosto e o Pão são um.
> As palavras, proferidas sobre ambos.
> Então as mãos se tocam, comunicando a paz
>   almejada;
> as bochechas se encontram,
> as palavras desejam uma paz que o mundo nunca
>   experimentou.
> Ele olha cada mão, como um cachorro que ganhou
>   muitos ossos de uma vez, e
> aceita apenas a saudação de uma.
> Em seguida, vem a procissão para sua primeira
>   refeição do dia,
> enquanto rostos claramente se perguntam se ele
>   entendeu o que está acontecendo.

Ele pega o pedaço de pão pita
oferecido nesta assembleia pós-conciliar
e para.
Momentaneamente, guarda o pão no bolso, até estar
seguro de que está tudo bem para comê-lo.
Ele o pega
e os dentes esverdeados mastigam o Corpo de Cristo.
Em seguida, ele estende a mão para o xarope
daquele cálice
(Apenas três goles depois dele, eu debateria a
sabedoria de trocar de fila.)
Sua bochecha inchada quase esvazia o cálice.
(Eu preferiria que ele o esvaziasse, então eu não
precisaria me convencer de que não pegarei alguma
doença.)
E então
(eu sabia!)
ele tosse e solta uma névoa rosada que espalha a
Divindade no chão.
Um arco-íris vem e vai naquele borrifo inesperado
enquanto quarenta suspiros são reprimidos em
gargantas.
Ele aperta a boca com as mãos vazando, parecendo
uma criança tentando impedir que um balão
espetado estoure.
Sem afrouxar, a fila segue em frente e a Divindade é
pisoteada por pés calçados
até linho branco puro,
– alvejado e engomado –
em mãos fervorosas que não permitem impiedade,
bebe o róseo Deus esparso no chão.
Em um canto, ele se senta sozinho em êxtase
humilhação.
Quando alguém pergunta: "Você está bem?"
ele rapidamente mostra as palmas das mãos e diz:

"Eu não as limpei nas minhas calças sujas.
Eu as esfreguei com força, viu?"
demonstrando, com o frenesi dos insetos, como
    usou a fricção para evaporar o
Deus derramado de suas mãos.
Oh, que Deus astuto que testa nossa fé se
    escondendo em tabernáculos de dentes esverdeados
para ver como realmente acreditamos
no milagre da presença real[72].

Onde traçamos os limites da compaixão? Quando a pessoa humana se torna excluída de nosso mundo ou merecedora de nossa rejeição? Quando perdemos de vista nossa própria humanidade débil e fraca? Ou podemos perguntar: quando entramos no modo de brincar de Deus?

Nosso maior desafio é aceitar a pessoa humana no encontro com o rosto humano. Quando sentimos repulsa pelos pobres e fracos, pelo estrangeiro e pelo imigrante, sentimos repulsa por Deus. "É muito mais fácil encontrar Deus no milagroso do que no comum", escreve Dawn Nothwehr[73]. Ela continua: "O 'inocente de cérebro fraco' de dentes esverdeados sempre me traz de volta à realidade de que *o mesmo Cristo Encarnado* redime *todas as pessoas*"[74]. Não deveríamos admitir que a Encarnação é difícil de acreditar porque não podemos aceitar a presença de Deus numa débil e frágil humanidade?

Em nossa cultura globalizada, é evidente que existe uma compreensão enviesada da encarnação. O "problema" dos imigrantes, dos beneficiários de programas sociais, dos encarcerados, dos doen-

---

72 MARCHESCHI, G. "Tabernacles". In: *Wheat and weeds and the Wolf of Gubbio*. Kansas City: Sheed & Ward, 1994, p. 5-7. • NOTHWEHR, D. *The Franciscan view of the human person*: some central elements. Saint Bonaventure: Franciscan Institute, 2005, p. 67-68 [The Franciscan Heritage Series, vol. 3].

73 NOTHWEHR, D. *The Franciscan view of the human person*, p. 69.

74 Ibid.

tes mentais, dos deficientes mentais e de todos os que são marginalizados pela sociedade dominante, é um problema de encarnação. Quando rejeitamos nossa relação com os pobres, os fracos, os simples e os indesejáveis, definimos a família da criação acima e contra Deus. No lugar de Deus, decidimos quem é digno de nossa atenção e quem pode ser rejeitado. Por causa de nossos medos profundos, gastamos tempo, atenção e dinheiro preservando nossos limites de privacidade e aumentando nosso conhecimento e poder. Nós nos isolamos hermeticamente do "outro" indesejado, do estranho e, ao fazer isso, nos isolamos de Deus. Ao rejeitar Deus no próximo, rejeitamos o amor que pode nos curar.

Até que aceitemos a realidade criada com todos os seus limites e dores como a presença viva de Deus, o cristianismo nada tem a oferecer ao mundo. Não passará de um monte de promessas vazias. Quando perdemos a prioridade do amor de Deus na humanidade fraca e frágil, perdemos o Cristo, o fundamento sobre o qual nos firmamos como cristãos.

A compaixão *continua* a Encarnação, permitindo que a Palavra de Deus crie raízes em nós, se encarne em nós. A Encarnação não terminou; ainda não está completa, ela deve se completar em nós. É preciso tudo o que temos e tudo o que devemos ser cristãos; devemos nos lançar nos braços do amor infinito de Deus. Somos chamados a continuar a Encarnação para a nova criação, a plenitude de Cristo, isto é, a humanidade e todo ser terreno em união de amor.

Permitam-me encerrar com uma história contada por um jovem frade franciscano que experimentou a compaixão de uma irmã clarissa de forma inesquecível. Um dia, durante seu retiro, Frei Bob confidenciou à Irmã Ellen que ele estava passando por momentos muito difíceis. Havia pouco tempo que ele vivera uma grande perda em sua vida e estava se sentindo muito triste. Ele parecia não conseguir entrar em oração ou desfrutar muito do retiro, pois estava preocupado com sua experiência. Ao contar sua história à Irmã Ellen, ele caiu em prantos. Ela deu a ele um pequeno pacote de lenços de papel que carregava no bolso. Irmã Ellen o ouviu e ofereceu-lhe palavras de conforto e conselho em um banco do lado de fora da capela. Em seguida, eles foram para a capela para rezar as Vésperas junto com o resto do grupo. Um dos salmos das Vésperas foi o Salmo 22. Depois que as Vésperas terminaram, Frei Bob e Irmã Ellen ficaram para trás por um tempo rezando em silêncio. Então Ellen saiu de sua cadeira, aproximou-se de Bob e sentou-se ao lado dele com seu breviário. Ela colocou o braço em volta dele e começou a orar novamente em voz alta:

> À força de gritar, estou cansado;
> minha garganta já ficou enrouquecida.
> Os meus olhos já perderam sua luz,
> de tanto esperar pelo meu Deus![75]

Ela continuou com uma série de outras passagens das Escrituras que tiveram uma ressonância misteriosa com a própria experiência de Bob. Mais tarde, ele relatou esse evento e disse que foi a experiência de compaixão mais profunda que já teve.

Meditação

> *A compaixão começa não com a vontade de amar,*
> *mas com o reconhecimento de que alguém é amado.*
> *Não é um ato, mas uma atitude, uma forma de estar*
> *em relação, acolhendo o outro na sua fraqueza e*
> *respondendo com misericórdia às suas necessidades.*

Para reflexão

1) Como você mostra compaixão pelos outros quando eles estão sofrendo?

---

75 Conforme a Liturgia das Horas em Português, Salmo 68(69),4.

2) Reflita sobre uma ocasião em que você não demonstrou compaixão. O que o impediu de se aproximar do outro? Como o Ofício da Paixão mostra a associação da compaixão de Francisco com a humildade de Deus, um Deus humilde que se curva em seu amor?

3) Quais caminhos de compaixão existem em Francisco que podem nos guiar hoje?

4) Na história do convento invadido por ladrões, com qual personagem ou quais personagens você se identifica e por quê? Que necessidades humanas autênticas convidam a uma resposta compassiva?

6

Contemplação e compaixão

A ciência nos diz que o desenvolvimento da vida em direção a uma complexidade maior é um crescimento da consciência. Consciência é a percepção mental do que está fisicamente presente, mas também uma percepção que inclui sentimentos, emoções, intuições e conhecimento. A pessoa consciente vive com atenção à sua experiência no mundo, refletindo de forma inteligente sobre essa experiência. Teilhard de Chardin dizia que todo o processo evolutivo, do Big Bang em diante, é um desdobramento da consciência. A evolução avança em direção a uma consciência maior, ativa em todos os níveis da realidade; o mental entra no mundo material de uma forma natural. Costumávamos abordar os problemas usando expressões como "a mente sobre a matéria". Agora devemos lidar com a realidade de que a mente está na matéria e no cerne da matéria. O desenvolvimento da vida é um desenvolvimento da consciência.

A compaixão é um crescimento da consciência. É uma maneira de ser para os outros que flui de uma conexão consciente e de nossa consciência de unidade. A oração aprofunda a consciência e, por sua vez, a compaixão. A oração é aquele diálogo profundo com a Fonte de todo o ser, uma abertura para novas profundezas de relacionamento e, portanto, um novo ser. É o engajamento da pessoa humana na compreensão, percepção e conversão. A oração é um movimento dinâmico do espírito, uma expansão do ser expressa no crescimento pessoal e comunitário. É uma evolução da consciência e, portanto, um movimento em direção a uma unidade maior que realiza a profunda interconectividade entre os povos, a terra e todas as formas de vida. É aquela abertura à graça que mantém a pessoa no silêncio da plenitude da fonte do amor; a graça que liberta a expressão da verdade, a proclamação da libertação aos cativos e da recuperação da vista aos cegos. A oração é o dom do amor e o convite a morrer mil mortes para que a plenitude da vida se liberte no universo. A oração é aquele profundo "conhecer com" Deus – uma consciência de Deus para nos tornarmos nós mesmos, abrindo-nos para a liberdade no amor e, assim fazendo, para nos tornarmos o Cristo. É um movimento para a Fonte – uma plenitude de amor por meio do Espírito Santo, Aquele que faz novas todas as coisas, em união com o Cristo que é alfa e ômega.

A oração é um diálogo profundo com Aquele que é a Fonte da nossa vida e em quem a verdade frutifica na liberdade. Quando temos a possibilidade de abrir o coração a Deus honestamente, libertamos nossas almas das trevas para nos tornarmos pessoas de luz. Abandonamos o que ainda está incompleto e renunciamos ao que não foi perdoado para que o não vivido dentro de nós seja libertado. O poeta John O'Donohue escreve:

> Que tudo o que há de não perdoado em você
> seja liberado.
> Que seus medos cedam às
> suas mais profundas tranquilidades.
> Que tudo o que não é vivido em você
> desabroche em um futuro
> agraciado com amor[76].

---

76 O'DONOHUE, J. *To bless the space between us*: a book of blessings. Nova New York: Doubleday, 2008, p. 97.

A oração autêntica dá origem a uma personalidade autêntica, porque, quando nos conhecemos em Deus, nos conhecemos como Deus nos criou – sem pretensões. A pessoa centrada em Deus vive sem dolo ou necessidade de controle. A luz divina interior torna-se a luz guia de sua visão de mundo. Quando não nos conhecemos ou não aceitamos as fraquezas em nós mesmos, tendemos a julgar os outros com severidade; tornamo-nos críticos e tendenciosos. Vemos as falhas dos outros, mas não as identificamos dentro de nós mesmos. Francisco se via como um grande pecador e frequentemente fazia penitência pública para confessar sua fraca humanidade diante dos outros.

Uma vez ele amarrou carne no pescoço e se deixou ser arrastado até a praça pública para mostrar aos outros sua fraqueza em relação ao jejum. Outra vez, ele rolou nu na neve depois de construir três bonecos de neve e se dirigir a eles como sua família, mostrando sua dificuldade em relação ao celibato por causa do Reino.

Francisco lutou com seus próprios limites humanos e, por isso, aceitou os outros com seus limites também. Ele levou a sério as palavras de Jesus: "primeiro tira a trave do teu próprio olho, e então verás bem para tirar o cisco do olho do teu próximo" (Mt 7,5). É mais fácil ver as falhas do outro; é mais difícil ver essas mesmas falhas em nós mesmos. No entanto, a chave para a compaixão é a conversão de si mesmo; a oração desperta a graça da conversão. Ao orar, Francisco tornou-se mais profundamente sintonizado com a experiência de Deus em sua própria vida, o que por sua vez aprofundou sua compaixão pelos outros. Por meio da oração, Francisco alcançou a mais profunda unidade com Deus; ele percebeu essa unidade participando da pobreza e da humildade de Cristo. A compaixão transformou Francisco em outro Cristo "por sua excessiva caridade" (LM 13,3)[77].

---

77 *Fontes*, p. 636.

Compaixão e Clara de Assis

Em suas cartas a Inês de Praga, Clara de Assis desenvolveu um caminho de oração que leva à contemplação e à compaixão, e ela aproximou essas duas dimensões em um processo espiritual de transformação em Cristo. Ela exorta Inês a contemplar o espelho do Esposo crucificado todos os dias, a passar tempo com Aquele que a ama profundamente. Ela pede a Inês que se veja nesse espelho, para "estudar seu rosto", para que ela não se esqueça de como é. Nesse sentido, o autor da Carta de Tiago escreve sobre quem é ouvinte da Palavra e não a pratica: "pois a si mesmo se contempla, e se retira, e para logo se esquece de como era a sua aparência. Mas aquele que considera, atentamente, na lei perfeita, lei da liberdade, e nela persevera, não sendo ouvinte negligente, mas operoso praticante, esse será bem-aventurado no que realizar" (Tg 1,24-25).

A oração que leva à contemplação leva também a uma visão penetrante que chega à verdade da realidade. É ser atraído para o mistério do amor divino encarnado na fraca humanidade; sentir esse amor, saboreá-lo, vivenciá-lo no próprio ser e ser transformado por ele. O que mais nos torna semelhantes a Cristo, imagem de Deus, indica Clara, é a nossa própria humanidade com toda sua fraqueza e debilidade. Se realmente amássemos essa debilidade, amaríamos também a frágil humanidade dos outros. Porque rejeitamos nossa própria fraqueza, rejeitamos também as fraquezas dos outros. Para penetrar na verdade da realidade, devemos primeiro penetrar na verdade da nossa própria realidade, que é frágil e fraca.

Clara pede a Inês que abrace sua própria humanidade, sua identidade, sua própria experiência, como aquilo que a torna mais semelhante a Cristo. O espelho da cruz, que é a cruz do Crucificado, reflete de volta para nós nossa própria humanidade, quando a contemplamos. Ele nos mostra de que maneira somos ou não semelhantes a Deus. Reflete as feridas, o sofrimento e a violência infligidos a uma pessoa inocente, como a autoimolação da vida de Jesus ao Pai por amor. E nós, o que vemos nesse espelho?

Clara diz que devemos contemplar essa imagem do Crucificado para que "possamos sentir o que seus amigos sentem" e saborear o espírito de compaixão. Quando entramos na imagem de Cristo crucificado como a imagem na qual fomos criados, contemplamos a verdade da condição humana. Essa verdade é o fundamento da conversão do amor egoísta ao amor altruísta, da oração à contemplação, pela qual somos transformados no amor.

Richard Rohr fala dos dois olhares de oração. "O primeiro olhar", diz ele, "raramente é compassivo. Está muito ocupado pesando e sentindo a si mesmo: 'Como isso me afetará?' ou 'Como minha autoimagem exige que eu reaja a isso?' ou 'Como posso recuperar o controle desta situação?'" Para Rohr,

> Isso nos leva a uma implosão, a uma pré-ocupação consigo mesmo que não permite que se entre em comunhão com o outro ou com o momento. Em outras palavras, primeiro sentimos *nossos* sentimentos antes de nos relacionarmos com a situação e a emoção do *outro*. Somente depois que Deus nos ensinou como viver "indefesos", podemos imediatamente estar *com* e *pelo outro*, e no momento. [A contemplação] não significa evitar as distrações. [...] Ela é uma fusão diária com o "problema" e o encontro de sua resolução plena. O que você aprende rápida e humildemente na contemplação é que a maneira com que faz qualquer coisa é provavelmente a mesma como você faz tudo. Se você for brutal em sua reação interior à sua própria pequenez e pecaminosidade, suas relações sociais e até mesmo sua política provavelmente serão brutais da mesma forma[78].

---

78 ROHR, R. "Contemplation and compassion: the second gaze". In: *Radical Grace* 18(6), nov.-dez./2005.

Na *História de uma alma*, Santa Teresa de Lisieux lida diariamente com suas irritações, seus julgamentos e com o desejo de fugir de suas coirmãs. Ela enfrenta os seus próprios motivos e mesquinhez, mas o seu objetivo é sempre a compaixão e a comunhão. Sofre a sua impotência até poder finalmente romper com o amor e, ao fazê-lo, rompe com o segundo olhar, o olhar profundamente penetrante que vê a verdade da realidade e a verdade das irmãs com quem vive. Como Rohr afirma: *"Ela mantém a tensão dentro de si (a essência da contemplação) até que ela mesma seja a resolução positiva dessa tensão"*[79]. Comprometendo-se a amar, ela está decidida a deixar o amor triunfar sobre sua inclinação natural à crítica ou ao julgamento; ela permite que o olhar do amor domine seu coração. Ao fazer isso, o amor vence. Ela deixa de lado sua necessidade de controlar a situação e se entrega ao momento da verdade, ao rosto humano com o qual se confronta. Nesse rosto ela vê o rosto sofredor de Cristo; ela vê a pegada de Deus.

O caminho para a compaixão é primeiro interior. A oração deve levar à verdade de si mesmo – nossa pobreza, nossa humildade e nosso sofrimento. Quando podemos identificar essa "pegada" dentro de nós mesmos, podemos identificar essa "pegada" nos outros. O profeta clama no Livro das Lamentações: "Olha e vê se há tristeza igual à minha" (Lm 1,12). "Olha e vê." O que vemos quando vemos o rosto de outra pessoa? Nós nos vemos no rosto de outra pessoa humana? Vemos o rosto sofredor de Cristo? Ou rejeitamos o que vemos porque não se encaixa em nosso mundo privado? Em que ponto nos tornamos incapazes de sentir a dor de outra pessoa?

Clara pede que entremos na experiência do sofrimento de Cristo, para saborear e ver o amor de Deus derramado no vaso da fraca humanidade. É a experiência orante de sofrimento que leva à compaixão. "O mistério do amor de Deus", escrevem os autores de *Com-*

---

79 Ibid.

passion: a reflection on a christian life [Compaixão: uma reflexão sobre a vida cristã], "não é que nossa dor tenha sido tirada de nós, mas que Deus seja aquele que primeiro deseja compartilhar essa dor conosco"[80]. Quem age compassivamente participa do sofrimento do outro, assume o sofrimento do outro, entrando em comunhão com ele e carregando seus fardos.

Compaixão é outro nome para a vida cristã. É aceitar os limites de nossa humanidade sem perguntar por quê. É deixar os outros existirem como são sem projetar neles nossas demandas e expectativas. Portanto, é acreditar na pessoa humana como a presença oculta de Deus. Ver a dor e a fraqueza do outro é ver o Cristo crucificado, o amor de Deus no rosto da frágil humanidade. É reconhecer que *essa* pessoa a *esse* tempo é o rosto de Cristo; *essa* pessoa é a encarnação do amor de Deus. Se rejeito *essa* pessoa, rejeito Deus. Se eu odeio *essa* pessoa, odeio Deus. Não há nada que eu faça ao próximo que não faça a Deus. O amor a Deus é inseparável do amor ao próximo, pois o próximo é a própria presença de Deus. Quando rejeitamos o próximo, rejeitamos Deus. Nós crucificamos Cristo repetidamente, adicionando mais violência a um mundo violento. Portanto, devemos amar profundamente. Quanto mais profundamente amamos aquele que sofre, mais profundamente amamos a Deus.

A compaixão é um encontro sincero porque ela flui do coração humano; não é uma solução racional para um problema. Em vez disso, é um ato de amor além do que a mente pode compreender. O coração, portanto, deve ser capaz de enxergar aquilo que os olhos físicos são incapazes de perceber.

A contemplação é a visão do coração; é um olhar penetrante que chega à verdade da realidade. Pode ser fácil sentir falta da pessoa que sofre em nosso meio, nosso irmão ou nossa irmã, o cônjuge, os

---

80 MCNEILL, D.P.; MORRISON, D.A. & NOUWEN, H.J.M. *Compassion*: a reflection on the Christian life. Nova York: Doubleday, 1982, p. 18.

pais ou um amigo. Ficamos tão acostumados a vê-los de uma certa maneira que costumamos projetar neles o que esperamos ver, sem perceber nossa cegueira. Em meados de 1960 havia uma canção popular por Smokey Robinson, intitulada *The tracks of my tears* [Os rastros das minhas lágrimas]. O refrão da música falava de maneira pungente da dor humana escondida nas profundezas do coração humano, e como um sorriso no rosto engana os outros e mascara a verdade de suas tristezas. Um sorriso enganoso pode esconder um abismo de lágrimas, a menos que se olhe atentamente para ver os "rastros das lágrimas".

Antoine de Saint-Exupéry dizia que só o coração pode ver bem a verdade invisível a olho nu. Mas o coração precisa de amplidão de alma para ver. A pobreza cria essa amplidão necessária ao coração; viver *sine proprio* cria o espaço para que os outros façam parte da nossa vida e permite que a nossa vida seja dependente dos outros. A cultura moderna tenta preencher o espaço de nossas vidas com coisas; o espaço vazio tende a criar medo. "Estar ocupado" se tornou um símbolo de *status* com o qual preenchemos cada esquina e hora. "Temos tanto medo de espaços abertos e vazios", dizia Henri Nouwen, "que os ocupamos com nossas mentes antes mesmo de os alcançarmos"[81].

Questões em aberto devem ser resolvidas, e situações, concluídas. A necessidade de preencher os espaços vazios da vida revela nossa intolerância com as pessoas e acontecimentos e nos faz buscar rótulos ou classificações para preencher o vazio. Essas preocupações nos impedem de ter novas experiências e nos mantêm apegados aos caminhos com os quais já estamos familiarizados. Preferimos uma certeza ruim a uma boa incerteza. Como podemos esperar que algo realmente novo nos aconteça se nossos corações e mentes estão tão

---

81 NOUWEN, H.J.M. *Reaching out*: the three movements of the spiritual life. Nova York: Doubleday, 1966, p. 74.

cheios de nossas próprias preocupações a ponto de não conseguirmos ouvir os sons que anunciam uma nova realidade? Como Nouwen afirma: "Não podemos mudar o mundo por meio de um novo plano, de um novo projeto ou de uma nova ideia. Não podemos mudar outras pessoas com convicções, histórias, conselhos e propostas, mas podemos oferecer um espaço no qual as pessoas sejam encorajadas a se desarmarem, a deixarem de lado suas ocupações e preocupações e a ouvirem com atenção e atenção às vozes que falam em seu próprio centro"[82].

Para converter a hostilidade em hospitalidade e o medo em amizade, precisamos de um espaço onde possamos estender a mão para nossos semelhantes e convidá-los para um novo relacionamento. Esse espaço de compaixão surge quando podemos renunciar às coisas que nos preenchem a mente e o coração e aceitar os outros em suas fraquezas, amando-os como uma mãe ama seu filho. Nouwen adverte contra a "tentação do ativismo", quando somos pegos tentando resolver os problemas de outras pessoas – algo que muitos de nós tentamos fazer. Somos chamados não a consertar as coisas, mas a curar as feridas pela força do amor, percebendo que a pessoa humana se fortalece quando o amor triunfa sobre o medo.

Um conto em iídiche narra a história de uma sábia anciã a quem perguntaram: "Qual é o maior fardo da vida? É ajudar os doentes, alimentar os pobres ou tolerar o vizinho?" Ela respondeu dizendo: "Não é nada disso. O maior fardo da vida é não ter nada para carregar". Às vezes, as próprias lutas que tentamos evitar são justamente as bênçãos de nossa vida. A cada dia somos convidados a amar, a aprofundar nossos amores e a nos renovar no amor. Nossa relação com Deus deve existir para os outros. Se desistimos do amor, é por nossa própria escolha. São Paulo escreveu: "amor é paciente, é benigno; o amor não arde em ciúmes, não se ufana, não se ensober-

---

82 Ibid., p. 74.

bece, não se conduz inconvenientemente, não procura os seus interesses, não se exaspera, não se ressente do mal; não se alegra com a injustiça, mas regozija-se com a verdade; tudo sofre, tudo crê, tudo espera, tudo suporta" (1Cor 13,4-7). Compaixão é amor infalível.

Meditação

> *O que nos torna mais semelhantes a Cristo é a nossa*
> *débil e frágil humanidade. Se realmente amássemos*
> *nossa própria débil e frágil humanidade, amaríamos*
> *também a fragilidade dos outros.*

Para reflexão

1) Leia a Paixão narrada por São Marcos lenta e meditativamente. Imagine que você é um espectador no meio da multidão, observando os acontecimentos. O que se move dentro de você ao observar esse evento de um lugar na multidão?

2) Agora, reze o salmo escrito por São Francisco (p. 93-94) para meditar sobre a Paixão. Ao orar, imagine que você está na posição de Jesus, orando na cruz.

3) Imagine, então, que você seja um leproso na Europa medieval, expulso da cidade para viver isolado do resto da sociedade. Faça essa oração como se você fosse aquele leproso.

4) Em seguida, lembre-se de uma pessoa contemporânea que você conhece – ou de alguém de quem já ouviu falar – que está sofrendo profundamente, e faça a oração com essa pessoa em mente.

5) Se você estiver fazendo isso como um grupo, discuta suas reflexões sobre este exercício. Se você estiver fazendo isso sozinho,

escreva suas reflexões. Que imagem de Deus emerge neste Salmo, particularmente no último terço do Salmo?

Salmo VI
(relembrando o momento da morte de Cristo na cruz)

Ó vós todos que passais pelo caminho,
considerai e vede se há dor semelhante à minha dor.

Pois rodearam-me cães numerosos,
cercou-me um bando de malfeitores.

Eles, porém, me olharam e espionaram,
repartiram entre si minhas vestes
e sobre a minha túnica lançaram sorte.

Traspassaram-me as mãos e os pés,
contaram todos os meus ossos.

Abriram contra mim suas fauces,
como leão que arrebata e que ruge.

Como água eu fui derramado,
e desconjuntados foram todos os meus ossos.

E meu coração tornou-se como cera
a derreter-se nas minhas entranhas.

Meu vigor ressecou-se como barro queimado,
e minha língua se me colou ao palato.

E por comida deram-me fel,
e na minha sede fizeram-me beber vinagre.

Reduziram-me ao pó da morte
e aumentaram a dor das minhas feridas.

Eu dormi e ressuscitei,
e meu Pai santíssimo me recebeu com glória.

Pois, o que é que eu tenho no céu?
E na terra, o que desejei de vós?

Vede, vede que eu sou Deus, diz o Senhor,
serei exaltado entre as nações, serei exaltado na
    terra.

Bendito o Senhor Deus de Israel,
que remiu as almas de seus servos com seu próprio
    sangue santíssimo
e não abandonará nenhum dos que nele esperam.

E sabemos que Ele vem,
que Ele vem para julgar a justiça (OP VI)[83].

---

83 *Fontes*, p. 146-147.

7

O cântico da compaixão

Em seu livro *At home in the cosmos* [Em casa no cosmos], David Toolan descreveu Francisco de Assis como um biofílico, um amante da terra. Seu amor pela criação emana de seu estar na criação, em solidariedade com todas as criaturas. Embora o Papa João Paulo II tenha proclamado Francisco como padroeiro da ecologia, o caminho do santo para a unidade com a criação foi mais profundo do que um mero amor às criaturas.

A raiz da relação ecológica de Francisco começou com seu encontro com Deus no corpo crucificado de Cristo. Até sua conversão, Francisco era um indivíduo egocêntrico, atraído por fama, fortuna e popularidade. Ao aceitar o abraço do amor humilde de Deus em sua própria humanidade fraca, Francisco mudou de um "eu" autoisolado para um "eu-tu" relacional. Essa mudança marcou um novo nível de consciência e crescimento no coração da criação.

Hoje sofremos com crises ecológicas em diferentes níveis. Temos uma crise energética devido ao consumo excessivo de combustíveis fósseis, uma crise do aquecimento global por causa do excesso de carbono na atmosfera, uma industrialização dos alimentos que interrompe os ciclos alimentares e cria substâncias alimentares artificiais. Temos de lidar com o esgotamento dos recursos naturais, a extinção de espécies, a alteração dos ciclos de vida naturais e a perda da biodiversidade.

Na América do Norte, nossas pegadas no ecossistema ultrapassam a capacidade de suporte da Terra e, se continuarmos com nossa taxa atual de consumo de alimentos e energia, não teremos um futuro sustentável. Caminhamos para um futuro de catástrofe ecológica e não seremos capazes de atender às necessidades das próximas gerações. Continuamos a consumir os recursos da Terra em quantidades excessivas, inconscientes das consequências desse consumo excessivo. Invocar São Francisco como o santo padroeiro da ecologia não servirá para nada a menos que compreendamos como ele mudou sua relação com a criação, do consumo para a compaixão.

A chave para a "vida ecológica" de Francisco é a relação. Francisco se descobriu um "eu" com necessidade de um "tu" e percebeu que não poderia ser uma pessoa plena sem ser irmão. A sua relação com Deus, enraizada num profundo amor a Deus e na aceitação do amor de Deus na sua própria vida, mudou a forma como se conhecia em relação aos outros. Ele levou a sério o mandamento de Jesus, "ama teu próximo como a ti mesmo" (Mc 12,31) e percebeu que para amar a si mesmo seria necessário conhecer a si mesmo. Ele pediu conhecimento diante da cruz de São Damião: "sensibilidade e conhecimento, ó Senhor, a fim de que eu cumpra o vosso santo e veraz mandamento" [84], mostrando que o verdadeiro conhecimento de si mesmo se encontra em Deus, e o verdadeiro conhecimento de Deus é encontrado em si mesmo. Esse conhecimento de si mesmo e de Deus é a base sobre a qual é construído o templo do amor, que, por sua vez, é o lar da compaixão.

O amor muda a maneira como conhecemos as coisas. Ele não é afeição cega ou mera satisfação. Na verdade, o amor é o maior bem que busca e deseja o maior bem em outra pessoa. Amar é conhecer o bem do outro sem questionar o bem do outro ou tentar compreen-

---

84 *Fontes*, p. 157.

der o bem do outro. O sábio é aquele cujo conhecimento é moldado pelo amor e que vê o mundo com os olhos do amor.

Tal pessoa vive de um centro interno mais profundo. Enraizado no coração, o sábio está enraizado no mundo e vê o mundo em sua verdade e beleza. A pessoa vê o centro da pessoa amada; assim, a pessoa vê o mundo sem medo da visão. Sábio é aquele que tem a liberdade de permanecer vazio diante do encontro e de permitir que a experiência do encontro com o novo – seja uma nova pessoa, criatura ou ideia – entre na própria vida e mude sua capacidade de amar.

No filme *Billy Elliot* há uma cena comovente em que o pai enfrenta seu filho Billy em um auditório. O pai fica furioso com a paixão do filho pelo balé, enquanto ele luta contra o desemprego e a falta de dinheiro. A fúria do pai está estampada em seu rosto, enquanto ele encara o filho mostrando ao amigo os passos do balé. O filho, primeiro, fica petrificado com a fúria do pai e depois começa a dançar. Enquanto dança, Billy se liberta de seu medo e pula no ar, fazendo piruetas com uma leveza que parece encarnar sua liberdade. O pai percebe o mal que causou ao privar seu filho do dom do balé. Movido pela compaixão pelo filho, o pai volta para casa determinado a ajudá-lo a realizar seu sonho.

O amor cria espaço para a compaixão porque assegura a pessoa em algo maior do que ela mesma, permitindo-lhe ir além de si mesma para o outro. Quando conhecemos por meio do amor ou da sabedoria, podemos tocar, saborear e sentir o outro como bom e não como alguém ameaçador ou perigoso. É uma relação sujeito-a-sujeito, uma unidade de ser que transcende as diferenças de oposição. Sou atraída pelo rosto do outro não porque o rosto do outro seja diferente do meu (embora eu possa ser atraída pelo estranho que faz em mim o que me falta), mas, porque compartilhamos da mesma humanidade, somos irmãs e irmãos.

A compaixão se aprofunda quando nos vemos face a face. Não faz muito tempo, alguém me contou a história de uma sem-teto atacada por um homem que pretendia estuprá-la. Ela agarrou seu pulso, olhou-o nos olhos e disse: "Senhor, não há nada que você possa fazer para me machucar, mas se você me estuprar, você destruirá sua própria masculinidade porque se reduzirá a algo inferior a um ser humano". Ele olhou para ela e parou, percebendo seu erro.

A violência pode ser transformada por meio da coragem e da compaixão. Francisco costumava dizer "o amor daquele que nos amou é muito para ser amado"; ele foi inspirado por toda a criação no amor de Deus (LM 9,1)[85]. Sua vida nos mostra que o amor tem o poder de mudar corações e, por sua vez, de mudar o mundo.

A experiência do conhecimento

Francisco viveu em uma época pré-moderna, por isso não foi confrontado com as complexidades da ciência e da cultura moderna. Um dos principais problemas atuais em relação à vida compassiva é a maneira como conhecemos o mundo.

Antes da Idade Média, a teologia monástica era o principal meio de conhecimento, com base na leitura orante das Escrituras, na experiência de Deus e na reflexão sobre essa experiência. Embora Francisco não tenha recebido uma profunda formação em latim, ele detinha um tipo de conhecimento experiencial. Ele não era um pensador abstrato nem tirou conhecimento abstrato das coisas; seu conhecimento não era "objetivo". Ao contrário, o modo de conhecimento de Francisco envolvia o corpo tanto quanto a mente. Era diferente da teologia escolástica, que procedia por argumentos dedutivos para chegar a uma conclusão imparcial ou objetiva. Francisco conhecia por experiência. Por meio dos sentidos, o tato, o paladar,

---

85 *Fontes*, p. 679-680.

o olfato, a audição e a visão, ele absorveu o mundo das criaturas conforme as encontrava e retornou ao mundo das criaturas com sua própria dignidade e ser. Ele deixou as coisas serem elas mesmas e, sendo elas mesmas, Francisco viu a beleza de Deus.

Quando surgiram a filosofia e a ciência modernas, a questão do conhecimento verdadeiro se tornou problemática. René Descartes, formado por jesuítas e zelosamente católico, buscou encontrar a verdade e a certeza puras à parte do mundo mutável da realidade criada. Ele encontrou essa certeza dentro de si. A única verdade, disse ele, era ele mesmo como sujeito pensante, tudo o mais era mera extensão da matéria. Sua filosofia teve grande influência no desenvolvimento do pensamento ocidental, dando origem à separação da mente e do espírito, do corpo e da alma, um dualismo doentio que forneceu os fundamentos do individualismo de nossa época. Ao separar o verdadeiro conhecimento da experiência do mundo, Descartes despojou o mundo de seu caráter sagrado. O mundo material tornou-se sem vida e inerte, um mundo de coisas a serem manipuladas. Graças a Descartes e outros, como Francis Bacon, o mundo da criação perdeu sua subjetividade e tornou-se objeto de controle e experimentação humana.

Hoje, nosso processo de conhecimento começa com o indivíduo que pensa em si mesmo, e não com o relacionamento, deixando o objeto de conhecimento privado de qualquer valor intrínseco diferente do que podemos atribuir a ele. Perdemos o senso de conhecimento como experiência e precisamos reencontrá-lo. Em um ensaio intitulado "Como amar um verme?", o frade e biólogo Jim Edmiston procurou entender a mosca que estava estudando, não por observação e medição, mas por entrar no mundo da mosca:

> Depois que vi o mundo da perspectiva de uma larva de mosca, o mundo nunca mais me pareceu o mesmo. Cada ser vivo se torna um instrumento da cria-

ção que clama para ser respeitado por seu papel e por sua individualidade. As espécies não se tornam mais abstrações, mas realidades a serem vividas em cada vida única, em cada momento único do tempo. Conectar-me com o máximo possível dessas formas de vida me transformou em uma pessoa que não só continua a explorar a diversidade da vida, mas também é capaz de reverenciar o criador por meio da apreciação dos indivíduos que constituem a diversidade[86].

O antropólogo britânico Gregory Bateson, em seu livro *Passos para uma ecologia da mente*, criticou nossa forma ocidental de conhecimento por ser muito linear e não explicar a interação da consciência. Ele descreveu o indivíduo, a sociedade e o ecossistema como partes de um grande sistema cibernético que chamou de mente. Conhecemos as coisas dentro do domínio mais amplo da consciência, não como objetos fora de nós, mas inter-relacionados conosco. Somente quando pensamento e emoção são combinados, somos capazes de obter conhecimento completo; isto é, o conhecimento que pertence tanto ao corpo quanto à mente[87].

Conhecimento significa aprofundar nossa participação no todo, não o controlar. Quando não temos consciência de nossa conexão com o mundo das coisas, não podemos nos relacionar de maneira inteligente com elas. Conhecemos objetos como dados, não como espelhos de reflexão. O eu que está divorciado do mundo da experiência consciente é um eu que tenta controlar o mundo. Sabe-se intelectualmente, mas não com inteligência; sabe-se de uma parte do cérebro, mas não de toda a pessoa; da mente, mas não do cora-

---

86 EDMISTON, J. "How to love a worm? Biodiversity: Franciscan spirituality and praxis". In: NOTHWEHR, D. *Franciscan Theology of the Environment*: An Introductory Reader. Quincy: Franciscan Press, 2002, p. 388.

87 Cf. BATESON, G. *Mind and nature*: a necessary unity. Nova York: E.P. Dutton, 1979. • HARRIES-JONES, P. *A recursive vision*: ecological understanding and Gregory Bateson. Toronto: University of Toronto Press, 2002.

ção. Esse conhecimento não aprofunda a pessoa como ser relacional, mas a isola e individualiza.

Nosso sistema educacional moderno é baseado no sujeito pensante. O mundo é uma coleção de objetos que o eu encontra. À medida que experimenta esses objetos, o eu deve organizar as experiências para dar sentido ao mundo. Consequentemente, o significado do mundo, uma vez que começa no eu que pensa a si mesmo, termina no mesmo eu. O conhecimento é obtido do objeto do encontro como um produto para ganho individual. A pessoa consome a informação da experiência, a absorve, a mastiga e a cospe sem necessariamente ser mudada por essa informação. O conhecimento consumista pode levar ao poder individual sem levar em conta o bem inerente do outro, levando à manipulação de povos, nações e do planeta com seus recursos finitos.

Boaventura e a teologia sapiencial

Embora o amor seja a chave para um futuro sustentável e para um senso mais amplo de compaixão, precisamos redescobrir o elo entre o conhecimento e o amor, que é a sabedoria. A sabedoria é o conhecimento aprofundado pelo amor. É uma visão penetrante do coração das coisas, pela qual se conhece de uma maneira mais profunda do que a mente sozinha pode compreender. A sabedoria é encontrada na experiência do sagrado. Ela traz à luz as profundezas das coisas que simultaneamente revelam e velam o mistério divino.

Boaventura usa a palavra *perscrutatio* para descrever o processo de conhecimento que leva à sabedoria, "perscrutando" o conhecido, permite-se que a profundidade do mistério se desvende sem destruí-lo[88]. O teólogo *perscrutator* é como um caçador de tesouros –

---

88 FALQUE, E. "The phenomenological act of perscrutatio in the Proemium of St. Bonaventure's commentary on the Sentences". In: *Medieval Philosophy and Theology*, 10, 2001, p. 9.

um buscador de pérolas – que perscruta as profundezas insuspeitadas do mistério divino, procurando seus esconderijos mais íntimos e revelando suas mais belas joias[89]. Boaventura indica que, quando Deus expressa algo de sua grandeza trinitária, resta ao teólogo buscá-lo ou mergulhar nele, à medida que se deixa ser habitado pela sabedoria de Deus, a única que traz todas as coisas à luz[90]. Essa ideia se manifesta na vida de Francisco de Assis que, cheio do Espírito Santo, contemplou o amor transbordante de Deus na criação.

Emmanuel Falque escreve que descobrir a ordem oculta da sabedoria divina não é apenas pesquisar as profundezas de Deus em si mesmo, mas "a profundidade de Deus oculta em suas obras criadas nas quais e pelas quais ele manifesta com justiça sua sabedoria"[91]. Boaventura descreve Francisco como o verdadeiro *perscrutador* por meio do ato de *contuitio* [contuição] que é uma apreensão de algo em si e simultaneamente em Deus.

O "método" de Boaventura redireciona a novidade de sua abordagem para a disposição interna do sujeito que por si só pode explicá-lo. O pesquisador das profundezas divinas deve estar a caminho de Deus; isto é, apenas aquele cheio do Espírito pode mergulhar nas profundezas de Deus. Para Boaventura, não há determinação conceitual puramente especulativa. Fazer da manifestação de Deus um ato puramente especulativo cria confusão. Na verdade, a teologia é fazer com que Deus se manifeste para orientar o encontro pelo amor entre Deus e seu ato de revelação e a pessoa humana em sua potência afetiva. O amor, portanto, torna-se uma determinação conceitual na junção entre teoria e prática. Falque escreve que "qualquer verdade estritamente teológica, aquela que tem suas raízes em Deus, não se contentará mais com sua determinação objetiva única". Tal

---

89 Ibid., p. 11.

90 Ibid., p. 12.

91 Ibid., p. 13.

verdade, segundo ele, "assumirá um sentido performativo, transformador para o sujeito que a afirma, ou não existirá. O conhecimento pelo amor é a única coisa que move quem os conhece"[92].

A sabedoria é o princípio do verdadeiro conhecimento. É luz, espelho, exemplar e livro da vida; é "totalmente simples e perfeita" e, portanto, não pode surgir de nenhum outro senão de Deus[93]. A sabedoria pertence exclusivamente à Palavra de Deus; como *medium* da Trindade, o Verbo se encontra entre o Pai e o Espírito, dando ordem e unidade à Trindade. Na criação, a Palavra crucificada é a revelação da sabedoria de Deus, na qual Deus desce às profundezas do mundo e atrai todas as coisas para si. Boaventura afirma que a sabedoria é um conhecimento experiencial de Deus que começa com a contemplação ou uma visão de Deus como a fonte de toda a realidade criada e culmina em "saborear Deus", que é uma união de amor *agápico* ou compassivo. A sabedoria é o dom mais excelente do Espírito Santo e une a alma a Cristo por meio da contemplação. Como Boaventura aponta em seus escritos espirituais, não se obtém sabedoria apenas pelo esforço, mas se adquire a sabedoria como um dom do Espírito Santo[94].

A sabedoria produz muitos frutos, incluindo o reconhecimento dos defeitos internos da pessoa, o controle das paixões, a ordena-

---

92 Ibid., p. 18.

93 BOAVENTURA. *Breviloquium* 1.8 (vol. V, p. 216). Cita-se aqui a edição crítica em 10 volumes pelos frades franciscanos de Quaracchi entre 1882 e 1902 da *Opera omnia* de São Boaventura.

94 Na conclusão de sua obra *Lignum vitae* [Árvore da vida], Boaventura pede os sete dons do Espírito Santo, começando pelo dom da sabedoria. A oração é dirigida ao "Pai bondoso" por meio de "seu Filho unigênito, que por nós se fez homem, foi crucificado e glorificado", pelo "espírito da graça septiforme que repousou sobre Vós com toda a plenitude". Boaventura afirma, portanto, o Cristo crucificado como integrante da teologia e da sabedoria como o maior dom do Espírito, pelo qual "podemos degustar os sabores vivificantes do fruto da árvore da vida, que realmente sois" (cf. COUSINS, E.H. *Bonaventure*: The soul's journey into God, The tree of life, The life of St. Francis. Nova York: Paulist, 1978, p. 174).

ção dos pensamentos e a elevação do desejo. O dom da sabedoria do alto é a luz que desce para iluminar nossa potência cognitiva, alegrar nossa potência afetiva e fortalecer nossa potência operativa. Boaventura fala da sabedoria como uma disposição da alma, um *habitus*, pelo qual a mente pode apreender a sabedoria de Deus.

Embora a sabedoria tenha várias formas que Boaventura descreve em sua segunda *collatio* ao *Hexaëmeron* [i. e., comentário aos seis dias da criação], a forma mais elevada de sabedoria, a sabedoria contemplativa, envolve um amor que transcende todo entendimento e conhecimento, uma "sabedoria sem forma" (*sapientia nulliformis*). Essa sabedoria de Deus, afirma ele, "é misteriosa, oculta [...] a qual [...] nenhum olho viu, nem o ouvido ouviu, nem penetrou no coração do homem. Mas a nós, Deus no-lo revelou por meio de Seu Espírito. Pois o Espírito sonda todas as coisas, até as profundezas de Deus"[95]. Essa é a sabedoria do *perscrutator*, que se obtém pela graça da contemplação e pela união suprema do amor. "Tal amor", de acordo com Boaventura, "transcende todo intelecto e ciência"[96]. "Nessa união", continua ele, "a mente está unida a Deus, portanto, em certo sentido, ela dorme. [...] Só o poder afetivo vigia e impõe silêncio a todos os demais poderes"[97]. Para Boaventura, sondar as profundezas da teologia mística é atingir a sabedoria ou a mais elevada união no amor que é um conhecimento experiencial e, portanto, mais perfeito de Deus, marcado pelo silêncio e pela morte. Boaventura escreve:

---

95 Para uma discussão mais detalhada sobre os tipos e propriedades da sabedoria, cf. CULLEN, C. *Bonaventure*. Nova York: Oxford University Press, 2006, p. 23-35. • LANAVE, G. *Through holiness to wisdom*: the nature of theology according to St. Bonaventure. Roma: Instituto Storico Dei Cappuccini, 2005, p. 147-192.

96 BOAVENTURA. *Collationes in Hexaëmeron* (Hex.) 2. 28 (Vol. V, p. 340-341). O texto traduzido para o inglês por De Vinck: "Collations on the Six Days". In: *Works of St. Bonaventure*, vol. V. Paterson: St. Anthony Guild Press, 1970, p. 35.

97 Hex. 2.30 (vol. V, p. 341). Na tradução inglesa de De Vinck, p. 36-37.

Agora, esse amor divide, adormece e se eleva. Ele divide, pois se separa de qualquer outro amor por causa do amor único pelo Esposo; adormece e apazigua todos os poderes e impõe silêncio; ele se eleva, visto que leva a Deus. E assim o homem está morto, onde se diz: O *amor é forte como a morte* (Ct 8,6), porque corta todas as coisas. O homem, então, deve morrer desse amor para ser elevado[98].

As metáforas de sono, silêncio e morte indicam que essa forma mais elevada de sabedoria surge por meio da transformação na cruz. A cruz é a revelação da sabedoria de Deus em uma forma sem forma, simbolizada pela morte de Cristo. O que parece frágil e derrotado é a efusão do amor da Trindade; a derrota do corpo de Cristo é a liberação do precioso unguento da sabedoria divina. Embora a sabedoria de Deus seja luz, ela é revelada em meio a trevas, silêncio, sofrimento e morte. Só quem se conforma com o Crucificado pela pobreza e pela humildade pode ver essa luz, porque participa, por imitação de Cristo, da forma frágil do amor de Deus que envolve a si mesmo. É preciso estar na jornada espiritual para conhecer a profundidade do amor de Deus expresso nas profundezas da cruz. Ou seja, não se pode *conhecer* Deus em si mesmo, mas à medida que Deus se *revela*; deve-se *experimentar* Deus, pois a Trindade é um amor incompreensível para além da capacidade de percepção de nossa inteligência. Boaventura escreve: "Cristo vai embora quando a mente tenta contemplar essa sabedoria com olhos intelectuais; visto que não é o intelecto que pode entrar lá, mas o coração"[99]. A sabedoria da cruz é a sabedoria de Deus que destrói todas as outras formas de conhecimento e nos abre às profundezas do mistério. É

---

98 Hex. 2.31 (vol. V, p. 341). Na tradução inglesa de De Vinck, p. 37.

99 Hex. 2.32 (vol. V, p. 342). Na tradução inglesa de De Vinck, p. 39.

preciso transformar-se no amor do Crucificado para entrar no que é revelado como duradouro e verdadeiro.

Foi esse tipo de conhecimento que levou Francisco de Assis a um renovado sentido do sagrado na criação. Tomás de Celano dizia sobre Francisco:

> onde a ciência dos mestres está fora, entrava o afeto de quem ama. De vez em quando, lia nos livros sacros e escrevia indelevelmente no coração o que uma vez lançara dentro do espírito. Tinha a memória em lugar de livros, porque o afeto ruminava em contínua devoção o que uma vez o ouvido captava não em vão (2Cel 102)[100].

A pessoa espiritual que se rendeu ao amor e cujo coração é movido pelo amor vê o mundo como rico em bondade. Boaventura escreveu que Francisco, quando encontrava criaturas vivas, as chamava de "irmã" e "irmãos" porque reconhecia que compartilhavam a mesma fonte de bondade primordial que ele (LM 8,6)[101]. Francisco via as criaturas como irmãos pobre, como alguém sem posses e em relação de parentesco com elas. Isso é muito diferente da pessoa moderna que vê o outro como alguém a ser controlado. É possível ao homem moderno uma reorientação de seu modo de ser e conhecer no mundo?

A compaixão de Francisco estava baseada em sua profunda visão. À medida que ele saiu de seu eu egocentrado para um eu relacional por meio do aprofundamento do amor, livrou-se da necessidade de controle de si e dos outros. Seu conhecimento e sua liberdade se tornaram profundos e amplos o suficiente para convidar outras pessoas para sua vida. Francisco se tornou uma pessoa ecológica porque se tornou uma pessoa centrada em Deus. Sua

---

100 *Fontes*, p. 365-366.

101 *Fontes*, p. 603-604.

"biofilia" começou com os pobres, os enfermos, os fracos e frágeis e, quanto mais ele crescia no relacionamento com eles, mais ele conhecia a Deus de uma nova maneira. Ele acolheu o leproso como irmão, como alguém de sua família, e essa aceitação ampliou sua relação com os outros. As criaturas mais insignificantes e frágeis da terra falavam-lhe muito claramente da presença de Cristo. Tomás de Celano escreve:

> Inflamava-se em excessivo amor até para com os vermezinhos, porque havia lido o que foi dito sobre o Salvador: "Eu sou um verme e não um homem". E, por essa razão, recolhia-os do caminho, escondendo-os em lugar seguro, para que não fossem esmagados pelas pisadas dos transeuntes (1Cel 80,6-7)[102].

> E quando encontrava grande quantidade de flores, de tal modo lhes pregava e as convidava ao louvor do Senhor como se fossem dotadas de razão (1Cel 81,5)[103].

> Até às abelhas, no inverno, para não morrerem de frio, mandava que fosse fornecido mel ou ótimo vinho (1Cel 80,8)[104].

> Chama com o nome de irmão todos os animais, conquanto entre todas as espécies de animais prefira os mansos (2Cel 165)[105].

---

102 *Fontes*, p. 252.

103 Ibid.

104 Ibid.

105 *Fontes*, p. 404.

A compaixão se mostra no cuidado pelo outro; não é um mero sentimento, mas um senso de responsabilidade para fortalecer os fracos e erguer os caídos, criando um espaço de apoio e conforto. Para Francisco, todas as criaturas se tornaram sua família. Ele viu a bondade em toda a criação cósmica e descobriu-se como parte dessa criação; não acima, mas inserido nela. Toda a sua vida foi uma integração de conhecimento e amor, espírito e matéria, divindade e humanidade. Ele manteve juntos os opostos da vida vivendo na unidade do amor.

Em 1225, um ano antes de sua morte, Francisco compôs um dos mais belos poemas do dialeto umbro. O que é mais impressionante sobre o poema é sua gênese. Viveu uma vida difícil, renunciando aos prazeres do corpo, como um eremita errante e servo dos pobres. Ele passou a maior parte de sua vida entre os leprosos, comendo restos de comida periodicamente e negando ao seu corpo o calor dos bens materiais. No ano de 1225, seu corpo estava exausto. Cego, leproso e sofrendo de um distúrbio gastrointestinal, Francisco estava doente em uma pequena cabana atrás do Convento de São Damião, onde sua companheira Clara de Assis vivia com suas religiosas. Sua condição ocular havia se deteriorado a tal ponto que a luz física do dia causava uma dor intensa. Ele tinha de permanecer na escuridão. Ele havia chegado ao ponto de exaustão física; no entanto, no fundo dele uma voz falou, perguntando se seus sofrimentos valiam uma terra transformada em ouro. Com essa percepção, ele acordou e cantou o Cântico das Criaturas e, ao fazê-lo, expressou a harmonia do universo que existia dentro dele.

O sentido de família que Francisco aprendeu em sua criação não era apenas superficial, mas refletia uma nova visão da realidade. As palavras "irmão" e "irmã" eram palavras de mistério para Francisco, de modo que revelavam de forma gráfica a estrutura da realidade. O Cântico é um hino de louvor que recapitula o caminho de Francisco a Deus *na* e *através da* criação que se tornou para ele uma *teofania*, uma manifestação de Deus.

Mas o Cântico também representa uma vida de conversão, já que Francisco se esforçou para ser irmão de todas as coisas, apesar de seus sofrimentos, sentimento de abandono e obscuridade. Nesse hino de celebração do Cristo cósmico (embora este não seja citado explicitamente), Francisco se dirige ao Altíssimo, o Deus inefável que se fez carne[106]. Ele fala do mistério de Jesus Cristo por meio da metáfora do "Irmão Sol". As palavras "Altíssimo" e "humildade" que iniciam e terminam o Cântico encerram simbolicamente todo o universo em uma Encarnação cósmica[107]. É o "Irmão Sol" que é "o dia, e por ele nos ilumina" que está no centro do cosmos, aquela luz que é o esplendor e a glória do Pai. Os louvores a Deus de Francisco são notas de alegria que ressoam em todo o universo. Ele canta:

> *Louvado* sejas, meu Senhor, pela irmã *lua* e pelas *estrelas*,
> no céu as formaste claras e preciosas e belas.
> Louvado sejas, meu Senhor, pelo irmão vento,
> e pelo ar e pelas nuvens e pelo sereno e todo o tempo,
> pelo qual às tuas criaturas dás sustento.

---

106 Embora não haja nenhuma menção específica de Jesus Cristo neste hino, as relações fraternas que Francisco descreve ecoam seu senso de relações familiares na segunda recensão da Carta aos Fiéis, onde ele escreve: "Somos esposos, quando a alma crente está unida a Jesus Cristo pelo Espírito Santo. Somos seus irmãos, quando fazemos a vontade do Pai que está nos céus; somos mães quando o trazemos em nosso coração e nosso corpo através do amor e da consciência pura e sincera; damo-lo à luz por santa operação que deve brilhar como exemplo para os outros" (2CtFi, 48-53. In: *Fontes*, p. 117). As relações familiares para Francisco são baseadas na Trindade e na relação integral entre a Trindade e Cristo. Uma teologia trinitária com Cristo como centro parece estar na base de seu Cântico das Criaturas.

107 COY, S.P. "The problem of 'Per' in the Cantico di Frate Sole of Saint Francis". In: *Modern Language Notes* 91, 1976, p. 1-11.

Louvado sejas, meu Senhor, pela irmã *água*,
que é mui útil e humilde e preciosa e casta.
Louvado sejas, meu Senhor, pelo irmão *fogo*
pelo qual *iluminas a noite*,
e ele é belo e agradável e robusto e forte.
Louvado sejas, meu Senhor, pela irmã nossa, a mãe
terra
que nos sustenta e governa
e produz diversos frutos com coloridas flores e ervas
(Cnt 5-9)[108].

Como os três jovens na fornalha ardente (Dn 3,57-90), Francisco louva a Deus "por meio" (*per*) dos elementos da criação, pois o Cântico revela a visão de Francisco da natureza como expressão sacramental do amor generoso de Deus. Esse amor nos une em uma família cujos vínculos são corretamente denominados como "irmão" e "irmã". Francisco adquiriu uma "visão" da interdependência cósmica em e por meio de sua relação com Cristo. Por meio do amor a Cristo crucificado, ele passou a ver a verdade da realidade, a saber, que nada existe de maneira autônoma e independente; ao contrário, tudo está interligado. O Cântico expressa a vida interior de Francisco transformada em Cristo e projeta essa vida interior no cosmos onde Cristo é o centro da realidade[109]. É como uma liturgia cósmica na qual Cristo é o sumo sacerdote. Por Ele, com Ele e nele, tudo é oferecido em louvor à glória do Pai, no amor do Espírito Santo[110]. Da mesma forma como Cristo se tornou o centro da vida de Francisco, também Francisco percebeu que Cristo é o centro da criação.

---

108 *Fontes*, p. 105.

109 LECLERC, E. *The Canticle of Creatures*: symbols of union. Chicago: Franciscan Herald, 1970, p. 222.

110 LEHMANN, L. *Tiefe und Weite*: Der universale Grundzug in den Gebeten des Franziskus von Assisi. Werl: Dietrich-Coelde, 1984, p. 312.

O Cântico nos lembra de que nós, seres humanos, somos tão dependentes dos elementos da criação quanto eles são dependentes de nós. Com seu maravilhoso respeito pelas criaturas de todos os tipos, como o sol, a lua, as estrelas, a água, o vento, o fogo e a terra, Francisco percebeu que toda a criação louva a Deus. O irmão Sol e a irmã Lua louvam a Deus apenas por serem Sol e Lua[111]. Podemos dizer que Francisco se tornou sensível à bondade da criação para que chegasse a entender, ouvir e ver o Sol e a Lua louvando a Deus. O Cântico prenuncia a nova criação, onde nos encontraremos relacionados com todas as coisas da criação em espírito de reconciliação e paz[112]. Isso traz à nossa consciência que toda a criação está carregada com a bondade de Deus. Toda a criação dá louvor e glória ao Altíssimo; é o sacramento de Deus. Como canto final de sua vida, o Cântico nos revela a profunda reflexão de Francisco sobre o mistério de Deus na criação. A criação e a encarnação estão intimamente unidas de tal maneira que não podemos compreender verdadeiramente nosso relacionamento com a criação sem considerar o nosso relacionamento com Deus. Quanto mais se aprofundava em seu relacionamento com Cristo, mais se sentia intimamente relacionado como irmão com as coisas da criação. Podemos dizer que a relação de Francisco com o mistério divino mudou o foco de sua interioridade. Ele desenvolveu uma consciência mais profunda de família e percebeu sua relação com todas as coisas, não importa quão pequenas fossem, porque tudo que existe compartilha da bondade primordial de Deus que é a fonte da abundância de sua vida. Francisco descobriu seu lugar no cosmos; não como centro, mas como irmão.

---

111 OSBORNE, K.B. *The Franciscan intellectual tradition*: tracing its origins and identifying its central components. Nova York: Franciscan Institute Publications, 2001, p. 42.

112 DELIO, I. "The Canticle of Brother Sun: A song of Christ mysticism". In: *Franciscan Studies* 52, 1992, p. 20.

O Cântico das Criaturas é a forma como o universo aparece depois que o ego desapareceu. É uma visão do todo que vê o eu como parte do todo na unidade do amor. O caminho para essa visão foi, para Francisco, a compaixão. Sua vida foi um espaço cada vez mais amplo de união com o divino, um espaço entre Deus e Francisco que incluía o leproso, o irmão enfermo, o Sol, a Lua e as estrelas. Francisco viu o mundo no abraço divino. Ele sentiu o terno amor de Deus brilhando através da criação. Seu Cântico das Criaturas entoa a compaixão, uma unidade no amor com tudo o que foi criado. Cada elemento tem imensa dignidade, e nenhum elemento da criação, por menor que seja, é insignificante. A luz brilha através da mais humilde das criaturas porque a compaixão divina é o fio luminoso que une todos no amor.

Meditação

A sabedoria é o conhecimento aprofundado pelo amor.
O sábio é aquele cujo coração foi moldado pelo amor e
que entregou seu coração ao amor.

Para reflexão

1) Tente encontrar um lugar tranquilo ao ar livre e sente-se quieto por cinco minutos. Esteja atento ao que está em sua mente e coração; e ao que está presente para você. Em seguida, reze lentamente o Cântico das Criaturas (cf. p. 109-110).

2) Nos próximos dias, tente compor seu próprio Cântico.

3) Como nasce postura ecológica de Francisco com seu encontro com Deus e sua conversão ao divino? Como você relaciona isso à sua própria história de conversão?

4) A compaixão de Francisco estava alicerçada em sua profunda visão da realidade. Como você compartilha essa visão compassiva?

5) Compare os versos do Cântico das Criaturas com nossa economia atual e realidade global. Leia o Cântico depois de responder ao questionário on-line sobre sua pegada ecológica http://www.pegadaecologica.org.br/2019/pegada.php.

6) O que podemos aprender do Cântico das Criaturas que pode fazer a diferença no mundo de hoje?

8

Ciberespaço e compaixão

Vivemos a era da realidade virtual. É uma época sem precedentes em nossa história e certamente muito diferente da época de Francisco. O que torna tão diferente este momento não é apenas o influxo de tecnologia na vida diária, mas o novo eu que se tornou uma extensão da tecnologia. Experimente jogar fora seu smartphone, desconectar seu computador, guardar seu iPod e se retirar para o deserto... você enfrentará alguém que parecerá um estranho, ou seja, você mesmo. A vida humana diária está tão entrelaçada com a tecnologia que às vezes é difícil ver onde termina o humano e onde começa a tecnologia. Em suas várias formas, a tecnologia está mudando a pessoa humana. Noreen Herzfeld escreve:

> No mundo de hoje, a tecnologia é fundamental para nossa compreensão de nós mesmos e do ambiente ao nosso redor. [...] Mas a tecnologia desempenha um papel inegavelmente maior em nossas vidas do que em qualquer época anterior da história humana.
>
> Esse papel maior também é visto no poder de criar algo novo, [...] criar o novo é fazer com que a novidade saia da própria natureza. [...] O filósofo existencialista alemão Martin Heidegger observa que o antigo artesão certamente fez algo novo quando construiu uma cadeira. Um médico pode trazer uma

nova saúde para um paciente. No entanto, nenhum dos dois impôs uma nova forma à natureza; em vez disso, cada um trabalhou com o que já está implícito na madeira ou no corpo. [...] Os novos produtos da tecnologia moderna não apenas "revelam" ou moldam a natureza, mas transformam e substituem a natureza. Dessa forma, a tecnologia moderna nos dá um poder até então nunca sonhado[113].

O desenvolvimento da inteligência artificial desperta um interesse particular porque se concentra em dispositivos como computadores e robôs associados à inteligência humana. Embora a inteligência artificial tenha suas raízes próximas no matemático britânico Alan Turing, que acreditava que uma máquina pensante poderia ser feita para imitar a inteligência humana, suas raízes remontam ao *cogito ergo sum* [penso, logo existo] de René Descartes e na prioridade da mente sobre a matéria.

Em 1950, Turing desenvolveu um teste no qual um computador foi configurado para enganar os juízes e fazê-los acreditar que poderia ser uma pessoa. O teste foi realizado por meio de uma conversa baseada em texto sobre um assunto. Se as respostas do computador fossem indistinguíveis das de um ser humano, ele havia passado no teste de Turing e poderia ser considerado "pensante". Já a expressão "inteligência artificial" foi cunhada por John McCarthy em 1956, definindo-a como "a ciência e a engenharia de fazer máquinas inteligentes". Como a inteligência artificial imita a inteligência humana, ela expressa nossa capacidade de nos criarmos a nós mesmos por meio de máquinas inteligentes. Mas a imagem que compartilhamos com Deus é a mesma que desejamos compartilhar com nossas criações tecnológicas? Herzfeld escreve: "a maneira como definimos a imagem de Deus em nossa natureza humana ou nossa imagem no

---

113 HERZFELD, N. *In our image*: artificial intelligence and the human spirit. Minneapolis: Augsburg Fortress, 2002, p. 9.

computador tem implicações, não apenas em como nos vemos, mas também em como nos relacionamos com Deus, uns com os outros e com nossas próprias criações"[114].

Desde a Segunda Guerra Mundial, a mecanização do humano, a vitalização da máquina e a integração de ambas na cibernética produziram toda uma nova gama de disciplinas informacionais, fantasias e práticas que transgrediram a fronteira mecânico-orgânica[115]. Esse influxo da tecnologia na vida diária transformou nossos padrões de diversão, trabalho, amor, nascimento, doença e morte.

A palavra "ciborgue" é um termo *de* e *para* nossos tempos que mapeia a realidade corporal e social contemporânea como um híbrido de biologia e máquina. Um ciborgue é uma pessoa cujo funcionamento fisiológico é "auxiliado por" ou "depende de" um dispositivo mecânico ou eletrônico. Em um sentido mais geral, ciborgue se refere a "criaturas que são orgânicas e tecnológicas"[116]. Um número cada vez maior de pessoas está se tornando um pouco ciborgues no sentido técnico: incluem-se aí aquelas que usam marca-passos eletrônicos, articulações artificiais, sistemas de implante de drogas, córneas implantadas e pele artificial. A integração da tecnologia na vida humana diária em todo o globo nos tornou seres tecnologicamente dependentes, nos quais a tecnologia passou a organizar a vida diária.

O ciborgue está se tornando o símbolo interpretativo do eu humano porque a virada cibernética gera um novo tipo de subje-

---

114 Ibid.

115 KULL, A. "Speaking cyborg: technoculture and technonature". In: *Zygon* 37.2, jun./2002, p. 283.

116 HEFNER, P. *Technology and Human Becoming*. Minneapolis: Fortress, 2003), p. 75. Hefner nota que o termo mais recente "technosapiens" seria uma cunhagem que visa a mesma ideia de "ciborgue". Alguns futuristas falam agora de *cyber sapiens* dizendo "já não seremos *homo sapiens*, mas sim *cyber sapiens* – uma criatura parte digital e parte biológica que terá colocado mais distância entre o seu DNA e os nossos condicionamentos do que qualquer outro animal [...] uma criatura capaz de orientar a nossa própria evolução".

tividade. Alguns estudiosos lamentam o papel cada vez maior das máquinas na socialização humana. Segundo Naomi Goldenberg, a herança filosófica e religiosa ocidental nos deixa predispostos a formar atitudes prejudiciais em relação às tecnologias que dominam a vida. Essa herança nos ensinou que a vida humana é uma cópia grosseira de algo que existe – algo melhor, mais sábio e mais puro[117]. O resultado disso é que os ocidentais têm uma tendência cultural a responder às máquinas não como ferramentas a serem usadas, mas como modelos a serem imitados. Conforme as pessoas agem de acordo com essa tendência, aumentam o isolamento e a solidão da vida moderna. Estamos nos tornando seres que se sentem mais confortáveis com as máquinas do que com as pessoas.

Não é surpreendente que o rápido sucesso dos ciborgues corresponda a avanços na inteligência artificial incorporada, especialmente na área da robótica. Embora a engenharia necessária para a robótica humanoide fique aquém do progresso da inteligência artificial, ambos os esforços buscam a criação de vida mecânica inteligente. Estudos recentes sobre robótica indicam que os robôs serão integrados à comunidade humana nos próximos cinquenta anos[118]. No MIT, por exemplo, os pesquisadores estão construindo robôs como entidades incorporadas (como Cog e Kismet). Eles interagem com seus ambientes reais, dando, inclusive, respostas emocionais. Os robôs já estão incorporados ao mundo industrial. Uma empresa, RobotWorx, afirma que "robôs de carregamento de máquina aumentam a produtividade, o que por sua vez aumenta a receita"[119]. O

---

117 Cf., p. ex., GOLDENBERG, N. *Returning words to flesh*: feminism, psychoanalysis, and the resurrection of the body. Boston: Beacon, 1990.

118 Cf., p. ex., os trabalhos de Robert Geraci sobre a apoteose das máquinas e o desafio disso para a teologia cristã atual: GERACI, R.M. "Robots and the sacred in science and science fiction: Theological implications of artificial intelligence". In: *Zygon*, 42.4, dez. 2007, p. 961-980. • GERACI, R. "Spiritual robots: religion and our scientific view of the natural world". In: *Theology and Science*, 4.3, 2006, p. 229-246.

119 http://www.robots.com/applications.php?app= machine+loading

futurista Ray Kurzweil antecipa uma vida cada vez mais virtual, na qual a presença corporal de seres humanos se tornará irrelevante. Robert Jastrow, da Nasa, acredita que "a evolução humana é quase um capítulo terminado na história da vida", embora a evolução da inteligência não acabe porque uma nova espécie surgirá, "um novo tipo de vida inteligente com maiores probabilidades de ser feito de silício"[120]. Katherine Hayles afirma que a inteligência artificial está formando um novo tipo de espécie pós-humana onde não há diferenças essenciais entre a existência corporal e a simulação de computador, entre mecanismo cibernético e organismo biológico, entre tecnologia robótica e objetivos humanos[121]. Eventualmente nos tornaremos como os dinossauros, diz ela, uma espécie que já governou a Terra, mas agora está obsoleta. Em sua opinião, a era do ser humano está terminando[122].

Os transumanistas olham para um futuro pós-biológico no qual seres superinformacionais florescerão, e os limites biológicos como doença, envelhecimento e morte, e talvez até mesmo o pecado, serão superados. Kurzweil antecipa uma vida cada vez mais virtual, na qual a presença corporal das pessoas se tornará irrelevante por causa da inteligência artificial. Ele afirma que os humanos dependentes de máquina transcenderão a morte por meio da realidade virtual da vida eterna, possivelmente por "neurochips" ou simplesmente tornando-se totalmente dependentes da máquina.

À medida que avançarmos para além da mortalidade por meio da tecnologia computacional, nossa identidade será baseada em nosso arquivo mental em evolução. Seremos software, não hardware. Substituindo corpos vivos por corpos virtuais capazes de transferência

---

120 Apud ROSZAK, T. "Evolution and the transcendence of mind". *Perspectives* 1.2, 15/05/1996).

121 HAYLES, N.K. *How we became posthuman*: virtual bodies in cybernetics, literature, and informatics. Chicago: University of Chicago Press, 1999, p. 2-3.

122 Ibid.

e duplicação, nos tornaremos supermentes desencarnadas[123]. Robert Geraci afirma que "nossos novos egos serão infinitamente replicáveis, o que lhes permitirá um escape da finalidade da morte"[124]. Essa imortalidade futurística "pós-biológica" baseada em computador também é imaginada por Hans Moravec, para quem o advento das máquinas inteligentes (*machina sapiens*) proporcionará à humanidade a imortalidade pessoal por meio do transplante de mente. Moravec sugere que a mente será capaz de ser baixada para uma máquina por meio da eventual substituição de células cerebrais por circuitos eletrônicos e funções de entrada-saída idênticas[125]. Para Daniel Crevier, a inteligência artificial é coerente com a crença cristã na ressurreição e na imortalidade. Visto que algum tipo de fundamento é necessário para a informação e organização que constitui nossas mentes. Ele indica que uma substituição material e mecânica para o corpo mortal será suficiente: "Se Cristo ressuscitou em um novo corpo, por que não ressuscitar em uma máquina?"[126]

Margaret Wertheim observa que a inteligência artificial está gerando uma mudança filosófica, da realidade constituída de matéria e energia para a realidade construída de informação[127]. Livros como *Digital being* [Ser digital] apontam na mesma direção: a informação passou a definir a realidade. Isso nos leva à noção de que "a essência

---

123 Ray Kurzweil define a singularidade como o ponto em que as máquinas se tornam suficientemente inteligentes para começar a ensinar a si mesmas. Quando isso acontecer, o mundo mudará irrevogavelmente do biológico para o mecânico (cf. KURZWEIL, R. *The age of spiritual machines*: when computers exceed human intelligence. Nova York: Viking, 1999, p. 3-5.

124 GERACI, R. "Spiritual robots: religion and our scientific view of the natural world". Op. cit., p. 235.

125 Cf. MORAVEC, H. *Mind children*: the future of robot and human intelligence. Cambridge: Harvard University Press, 1990.

126 CREVIER, D. *AI: The tumultuous history of the search for artificial intelligence*. Nova York: Basic, 1994, p. 278-280.

127 Apud GARNER, S. "Praying with machines: religious dreaming in cyberspace". In: *Stimulus*, 12, 3, 2004, p. 20.

de uma pessoa pode ser separada de seu corpo e representada em forma digital – uma alma digital imortal esperando para ser libertada – uma ideia que ela [*Wertheim*] vê como dualismo medieval reencarnado"[128]. Um novo termo, "cibergnosticismo", foi cunhado para descrever a "crença de que o mundo físico é impuro ou ineficiente e de que é melhor buscar a existência na forma de informação pura"[129]. Michael Heim vê fortes ligações entre a inteligência artificial e as tradições platônica, gnóstica e hermética, na medida em que estas enfatizam a bondade da realidade espiritual e a corrupção da realidade material, uma ideia consoante com a vida cibernética e o pós-humanismo. Ele escreve:

> O ciberespaço é o platonismo como um produto funcional. O cibernauta sentado diante de nós, amarrado a dispositivos de entrada sensorial, parece e de fato está perdido neste mundo. Suspenso no espaço do computador, o cibernauta sai da prisão do corpo e emerge em um mundo de sensações digitais[130].

O mito da tecnologia é atraente, e o poder da tecnologia é sedutor. Agora temos o poder não apenas de evoluir, mas de direcionar o curso da evolução. Enquanto na evolução biológica a natureza influencia ou interage mutuamente com as espécies, na evolução tecnológica a espécie controla a natureza. Na pessoa humana, a evolução biológica tornou-se evolução tecnológica, uma evolução direcionada para uma nova espécie pós-humana emergente, o *techno sapiens*.

No entanto, um mundo pós-humano é, em última análise, um mundo pós-natural. Enquanto a inteligência artificial visa a um novo

---

128 Ibid.

129 Ibid. • BERGER, D.O. "Cybergnosticism: Or, who needs a body anyway?" *Concordia Journal,* 25, 1999, p. 340-345.

130 HEIM, M. *The metaphysics of virtual reality*. Nova York: Oxford University Press, 1993, p. 89. Apud GARNER, S. "Praying with machines: religious dreaming in cyberspace". Op. cit., p. 20.

corpo virtual, ela também antecipa uma nova criação virtual na qual o jardim terrestre eventualmente murchará e será substituído por um mundo muito maior, um paraíso que nunca será perdido[131]. Por meios mecânicos, logo seremos capazes de superar as limitações do corpo, incluindo o sofrimento e a morte, e assim alcançar o paraíso escatológico artificial – ou assim profetizam os mestres da inteligência artificial.

Compaixão artificial?

O influxo de tecnologia na vida diária nos leva a perguntar: a tecnologia está alterando nosso senso de compaixão? Na época de Francisco, o sentimento de compaixão significava a experiência pessoal do sofrimento do outro, a experiência sentida da dor que significava conhecer o outro não apenas como uma ideia, mas como uma pessoa corporalmente humana; como espírito corporificado na carne. Quando Francisco encontrou o leproso, viu, tocou, beijou a mão ulcerosa do leproso e, nessa experiência da frágil carne fraca do leproso, provou a bondade de Deus. A compaixão é o sentimento de simpatia evocado pela visão do sofrimento de outra pessoa. O que acontece com a compaixão na realidade virtual, quando um indivíduo pode decidir quais serão suas conexões? É possível que haja compaixão em um mundo controlado? Ou será que a compaixão, na verdade, requer o encontro não controlado e incontrolável com outra pessoa ou criatura viva?

Em um ensaio sobre tecnologia biomédica, o eticista Ronald Cole-Turner afirma que as tecnologias de hoje "são autoafirmativas ao invés de se autotransformarem; elas aumentam o ego em vez de entregá-lo a uma realidade e a um propósito maiores"[132]. A inteli-

---

131 MORAVEC, H. *Robot*: mere machine to transcendent mind. Nova York: Oxford University, 1999, p. 143ss.

132 COLE-TURNER, R. "Biotechnology and the religion-science discussion". In: CLAYTON, P. & SIMPSON, Z. (orgs.). *The Oxford handbook of religion and science*. Nova York: Oxford University Press, 2006, p. 941.

gência artificial não é simplesmente um desejo de viver uma vida alternativa em um mundo cibernético, afirma ele, mas um desejo de aperfeiçoar e controlar nossas vidas imperfeitas. O atraente da tecnologia é que ela "oferece a ilusão de uma graça administrada"; o eu que pode se consertar sem mudar a si mesmo[133]. A compaixão virtual, por robôs ou on-line, pode mesmo ser chamada de "compaixão" se deixa o eu inalterado?

Quando refletimos sobre o encontro de Francisco com o leproso, ficamos impressionados não apenas pela forma como Francisco acolheu o leproso, mas ainda mais porque o próprio Francisco mudou no encontro. Se a compaixão é a resposta do coração ao sofrimento, então também é a capacidade do coração de abraçar o sofrimento e de ser transformando por ele. A compaixão de Francisco não era intelectual, mas experiencial: a experiência de conhecer a miséria do outro. Tomás de Celano escreve:

> Tinha muita compaixão para com os irmãos enfermos, muita solicitude para com as necessidades deles. Se por acaso a piedade dos seculares lhe mandava remédios, ele os dava aos outros enfermos quando ele próprio mais precisava do que os outros. Tornava suas as dores dos que sofriam, oferecendo-lhes palavras de compaixão, quando não podia ajudá-los. – Comia ele próprio nos dias de jejum para que os enfermos não se envergonhassem de comer e não se envergonhava de pedir carnes publicamente pela cidade para um irmão infermo (2Cel 175)[134].

Minha mãe costumava dizer que crescer na Grande Depressão foi mais fácil do que no fim do século XX, quando a riqueza e o sucesso se tornaram mais comuns. Durante a Depressão, dizia, as

---

133 Ibid.

134 *Fontes*, p. 409-410.

pessoas se preocupavam umas com as outras e compartilhavam seus recursos limitados para que os membros mais pobres da comunidade não fossem privados de suas necessidades básicas. Embora as dificuldades da Grande Depressão tenham sido grandes, o amor venceu o medo.

Há alguns anos, fiz uma viagem missionária a El Salvador e visitamos um pequeno povoado encravado nas montanhas. As pessoas eram pobres, mas sua hospitalidade era magnífica. Parados nas soleiras das portas abertas, os moradores nos convidavam a entrar em suas casas de apenas um cômodo que continham de tudo, desde a motocicleta até a pia da cozinha. Não estavam preocupados com a aparência ou se invadiríamos ou não sua privacidade. Eram amigos e hospitaleiros a um grupo de peregrinos cansados. Eles viam nossa necessidade de descanso e nos convidavam para suas casas.

O problema da realidade virtual é a realidade pessoal. A tecnologia nos permite alterar o real ou criar o real de acordo com nossos desejos. A tecnologia promete um mundo livre do sofrimento e da morte, um mundo sem o que é indomável e imprevisível. Richard Louv afirma que natureza significa "natureza indomável, biodiversidade e abundância"[135]. Ela é como uma folha em branco sobre a qual uma criança desenha e reinterpreta as fantasias da cultura, uma criação de certa forma mais rica do que o mundo cientificamente acessível, porque interage mais intimamente com a pessoa. Uma natureza totalmente domesticada não pode mais cumprir esse papel. Quando a artificialidade de um algoritmo de número aleatório, como um jogo de computador, substitui as surpresas da riqueza natural, perdemos algo da vida humana. Perdemos o sentido do que significa ser alguém criado, dependente, contingente e finito. "A natureza oferece cura [...], mas pode assustar [...] e esse susto serve a um propósito, para despertar em nós nossa dependência de

---

135 LOUV, R. *Last child in the woods*. Chapel Hill: Algonquin, 2005, p. 7.

Deus, da terra e das outras pessoas"[136]. Alfred Kracher afirma que um "planeta governado pela previsibilidade", onde "todas as contingências tenham sido eliminadas", também é um planeta "dominado por um mal desenfreado"[137]. Se pudermos controlar nossos relacionamentos, nossos amores e aversões, podemos não apenas controlar inconscientemente o mal, mas podemos nos tornar inconscientemente o mal.

A tecnologia que opera no controle individual evita relacionamentos de dependência uns dos outros e da terra. A inteligência artificial pode oferecer comunidade sem compromisso, mutualidade sem responsabilidade. Pode levar ao narcisismo, à autoindulgência e ao isolamento. Herzfeld indica que os *videogames* hoje podem estar reforçando o comportamento violento nos adolescentes. Ela descreve a prevalência de jogos violentos entre os adolescentes, onde se pode jogar no "modo deus", controlando a vida e a morte. Ela indica que o uso de videogames violentos pode estar ativando o cérebro humano de maneira negativa ou pelo menos aumentando os centros cerebrais associados à violência e ao comportamento agressivo[138]. Não conheço nenhum jogo on-line focado na compaixão, mas suspeito que um jogo assim não seria popular, pois faltaria a emoção da violência em que a nossa cultura está viciada.

Os transumanistas olham para um mundo pós-biológico como se fosse um jardim de felicidade on-line, livre de sofrimento e morte, ameaçando sacrificar o todo orgânico em vista do aperfeiçoa-

---

136 Ibid.

137 KRACHER, A. "The diversity of environments: nature and technology as competing myths". DREES, W.B.; MEISINGER, H. & SMEDES, T.A. (orgs.). *Creation's Diversity*: Voices from Theology and Science. Nova York: T&T Clark, 2008, p. 83.

138 HERZFELD, N. *Technology and religion*: remaining human in a co-created word. West Conshohocken: Templeton, 2009, p. 74. Herzfeld escreve: "A imersão no ciberespaço estabelece um círculo cibernético entre o humano e a máquina. Esse círculo possibilita que cada um seja alterado pelo outro. O jogador se torna o jogo, e o jogo joga o jogador".

mento do ser humano. As próprias limitações humanas que queremos eliminar – o sofrimento e a morte – são os elementos mais importantes para a evolução da vida. Ao tentar controlar artificialmente nosso destino, nós nos isolamos da riqueza da vida. Evitamos que outras pessoas realmente entrem em nossa vida fazendo a interface de nossos relacionamentos com dispositivos artificiais.

O tipo de conhecimento que leva à compaixão é mais do que apenas informação. A dor do outro deve tocar nosso núcleo, bem lá dentro de nós; e nós devemos agir a partir de um centro que busca mais do que a racionalidade instrumental ou a autogratificação. O ato de compaixão por meio da interação de amor, experiência, toque e visão é uma profunda experiência de vida pela qual se atravessa o limiar da separação para ingressar no espaço da união.

Esse ato de cruzar um limiar foi recentemente ilustrado em um drama televisivo que contava a história de uma mulher com insuficiência renal. Ela precisava fazer seu tratamento três vezes por semana e, a cada vez, sentava-se diante de um homem de meia-idade que se recusava a falar com ela. Um dia ela decidiu que se sentaria ao lado dele para o tratamento e, embora ele se incomodasse com sua proximidade, ela persistiu. Eles se sentaram juntos em silêncio, e, depois de algum tempo, ela estendeu a mão e pegou a mão dele – e ele começou a chorar. Seus olhos de compaixão podiam ver o medo profundo dentro dele. Como escreveu o poeta John O'Donohue:

> Reconhecer e cruzar um novo limiar é sempre um desafio. É algo que exige coragem e um senso de confiança em tudo o que está surgindo. Isso se torna essencial quando um limite se abre repentinamente à sua frente, para o qual você não estava preparado. Pode ser uma doença, o sofrimento ou uma perda. Por estarmos tão engajados com o mundo, geralmente nos esquecemos de como a vida pode ser frágil e de como sempre somos vulneráveis. Uma vida leva

apenas alguns segundos para mudar irreversivelmente. De repente, você se encontra em um terreno completamente estranho e um novo rumo deve ser tomado. Especialmente nessas ocasiões, precisamos desesperadamente de bênçãos e de proteção. Você olha para trás, para o que viveu algumas horas antes, e de repente ela parece tão distante. Pense por um momento como, em todo o mundo, a vida de alguém acaba de mudar – de forma irrevogável, permanente e não necessariamente para melhor – e tudo o que antes era tão estável, tão confiável, agora deve encontrar uma nova maneira de se desenvolver[139].

Se quisermos viver com compaixão hoje, precisamos sentir o pulsar da vida na dor concreta da existência. Precisamos de um coração que *sinta* pelo outro e da paciência do tempo lento para *sermos* para o outro. O amor pode criar um campo de compaixão, mas ele requer mutualidade. A tecnologia pode nos unir virtualmente, mas o amor nos transforma, e somente o amor aprofundará nossa humanidade.

Meditação

Se pudermos controlar nossos relacionamentos,
amores e aversões, podemos não apenas controlar
inconscientemente o mal, mas podemos nos tornar
inconscientemente o mal.

Para reflexão

1) Que pensamentos e sentimentos vêm à mente ao considerar a possibilidade de viver em um mundo "pós-humano"? Quem será incluído e quem será excluído ou deixado de fora desse mundo "pós-humano"?

---

139 O'DONOHUE, J. *To bless the space between us*. Op. cit., p. 49.

2) Considerando seus conhecimentos sobre Francisco de Assis, o que você acha que seria uma resposta franciscana apropriada ao mundo cibernético?

3) Como podemos negociar eficientemente nosso caminho em um mundo tecnológico de modo que não sacrifiquemos nosso senso de conexão com os outros?

4) Que passos podemos dar para fortalecer um senso de conexão e compaixão com os outros – incluindo não apenas familiares e amigos, mas até os desconhecidos que cruzam nosso caminho?

5) Quais são algumas maneiras de estarmos mais "presentes" para os desconhecidos que cruzam nosso caminho?

6) Faça um ciberjejum: desconecte-se um dia por semana durante quatro semanas. Reflita sobre isso e sua prática de compaixão.

9
Comunidade

Há um novo anseio por comunidade no século XXI. A geração independente Baby Boomer está se aposentando, e as gerações futuras, como a Geração X e a Geração Y, dão sinais de seu desejo de pertença a um todo. Os sociólogos observam uma complexidade de fatores que geram esse novo interesse na vida comunitária, incluindo o surgimento do movimento ecológico e de espaços on-line como Facebook e Twitter, a dissipação da vida familiar e o sentimento de solidão na sociedade moderna.

Mas também podemos ver o novo interesse na vida em comunidade relacionado à nova visão científica de mundo que prevê um universo totalmente relacional. A descoberta da evolução no século XIX e a física quântica no século XX são os dois pilares da ciência moderna. A evolução nos diz que a vida se desenvolve de estruturas simples a complexas por longos períodos por meio do acaso e da necessidade. Vivemos em uma galáxia de médio porte em um universo evolucionário que tem cerca de 13,7 bilhões de anos com bilhões de outras galáxias; um universo enorme, dinâmico e interconectado. Não é fixo, estático e imutável; na verdade, ele se parece mais com um balão em expansão. Nessa longa história do universo em expansão, nós, humanos, somos as duas últimas palavras – *homo sapiens*

sapiens; nós sabemos que sabemos. Somos o universo evolucionário que tomou consciência de si mesmo.

Na primeira década do século XX, a descoberta da relatividade de Albert Einstein mudou nossa compreensão do espaço e do tempo absolutos, desenraizando o universo mecanicista newtoniano. A física quântica nos diz que, no mundo, nada é como parece; é um mundo de probabilidades em vez de certezas, interligado ao núcleo.

A comunidade é a essência do universo, e se alguém perguntasse ao Sol, à Lua e às estrelas qual é a razão de sua beleza, eles provavelmente responderiam: "Vivemos em comunidade em compaixão". Existe sinergia entre os elementos do universo; o mundo ecológico é principalmente cooperativo. Há alguns anos, o biólogo Lewis Thomas escreveu um livro chamado *The lives of a cell: notes from a biology watcher* [As vidas de uma célula: notas de um observador de biologia]. Ele observou que toda a terra funciona como uma célula viva, cada parte sendo algo do todo, cooperando com outras partes para manter o todo.

Na década de 1960, James Lovelock formulou a hipótese de Gaia para descrever a biosfera e componentes físicos do Planeta Terra (atmosfera, criosfera, hidrosfera e litosfera) como estreitamente integrados, indicando que a Terra teria seus próprios mecanismos de regulação para mantê-lo em equilíbrio[140]. A natureza é uma família que permanece unida. Quando uma parte é ferida, outra parte intervém na causa para ajudar. O famoso primatologista Frans de Waal descobriu que alguns primatas exibem um comportamento moral que reflete a compaixão. Os bonobos, por exemplo, "compartilham a comida, mostram um forte senso de certo e errado e demonstram sentimentos de vergonha, culpa, simpatia e preocupa-

---

140 Para uma discussão sobre esse tema, cf. LOVELOCK, J. *Gaia: a new look at life on Earth*. Nova York: Oxford University Press, 2000.

ção"[141]. Tijn Touber conta a história de um menino de três anos que caiu de uma altura de 5,5 metros dentro da jaula de uma gorila no zoológico de Brookfield, em Chicago. A gorila chamada Binti Jua pegou a criança e carregou-a para um local seguro. Ela se sentou em um tronco e balançou o menino no colo, dando tapinhas nas costas dele, antes de levá-lo para a equipe do zoológico. Sua demonstração de empatia, capturada em vídeo e exibida ao redor do mundo, tocou muitos corações"[142]. Os estudos sobre o comportamento dos primatas lançam luz sobre a solidariedade biológica. A compaixão entre o não humano e o humano transcende os limites das espécies e mostra como somos profundamente relacionados.

Compaixão e comunidade

Embora o mundo natural se dê muito melhor em viver cooperativa e compassivamente, isso é muito mais difícil no nível humano. O desenvolvimento do ego humano como um centro protetor pode transformar-se em uma casca dura que não deixa o eu verdadeiro sair ou outros seres entrarem tão prontamente. A compaixão precisa de relacionamento porque é solidariedade de coração. Sem um relacionamento verdadeiro, a compaixão não pode florescer. Quando Francisco percebeu a fraqueza de outra criatura, ele viu a paixão de Cristo, e seu coração ficou profundamente comovido por amar a criatura como sua família. Tomás de Celano escreveu que ele amava ternamente, inclusive os seres mais humildes da natureza:

> Ele poupa lanternas, lâmpadas e velas, não querendo usar sua mão para apagar seu brilho, que é um sinal da luz eterna. Ele caminha reverentemente sobre as rochas, em respeito àquele que é chamado de Rocha...

---

141 Cf. WAAL, F. *Eu, primata*. São Paulo: Companhia das Letras, 2007 [N.T.].

142 TOUBER, T. "Do primates feel compassion?". [Disponível em http://www.care2.com/greenliving/do-primates-feel-compassion.html#].

> Proíbe aos irmãos que cortam lenha cortar pelo pé toda árvore, para que tenha esperança de brotar de novo. [...] Recolhe do caminho os vermezinhos, para que não sejam pisados. [...] Chama com o nome de irmão todos os animais, conquanto entre todas as espécies de animais prefira os mansos (2Cel 165)[143].

Quando Francisco via uma pessoa pobre, frequentemente oferecia seu manto ou alguns bens à pessoa. Certa vez, uma mulher pobre que tinha dois filhos na vida religiosa veio ao convento para pedir esmolas. Como os frades não tinham nada para oferecer à pobre mulher, Francisco lhe deu o livro do Novo Testamento (um item raro e muito precioso naquela época) para que ela pudesse vendê-lo e conseguir o dinheiro para suas necessidades (CA 93)[144]. Sua misericórdia e compaixão eram tão ilimitadas quanto o amor transbordante de Deus.

Charles Eisenstein observa que a comunidade é quase impossível em uma sociedade altamente monetizada como a nossa. "Há muitas razões para isso", ele escreve, "a disposição dos subúrbios, o desaparecimento do espaço público, o automóvel e a televisão, a alta mobilidade de pessoas e empregos – e, se você rastrear os porquês alguns níveis abaixo, eles todos implicam o sistema monetário"[145]. Francisco descobriu essa verdade em seu próprio tempo. Vendo como a riqueza financeira pode impedir as necessidades dos outros, ele renegou o patrimônio de seu pai e deu tudo o que tinha aos pobres. Ele *se tornou* dependente dos outros.

Eisenstein aponta para a mesma realidade em nosso tempo. Quando o dinheiro cria independência, o próximo se torna uma violação do nosso tempo, e preferimos nosso espaço privado a even-

---

143 *Fontes*, p. 404-405.

144 *Fontes*, p. 924-925.

145 EISENSTEIN, C. A circle of gifts. [Disponível em http://shareable.net/blog/a-circle-of-gifts].

tos públicos comunitários. Não *precisamos* dos outros e, portanto, escolhemos viver em nosso próprio mundo privado.

Hoje, a substituição das relações pessoais por dinheiro tem resultados deletérios não apenas para a comunidade humana, mas também para a comunidade terrestre. Nossos suprimentos de energia estão diminuindo, o aquecimento global persiste, a industrialização dos alimentos está nos custando caro ecológica e nutricionalmente, e os pobres estão sofrendo essas catástrofes desproporcionalmente. Quando o sucesso significa estar em uma situação melhor do que o semelhante, em uma sociedade baseada no dinheiro, o todo está fadado à autodestruição porque os seres vivos são meios descartáveis e não fins invioláveis[146]. As pessoas se desconectam umas das outras e toda a terra é desfeita. A pessoa humana desconectada vive com medo de ser reduzida a nada se toda a riqueza material for perdida. Consequentemente, os bens da terra são cobiçados, o espaço se torna uma mercadoria e a comunidade é rompida.

Compaixão é outro nome para comunidade. Francisco conclamava os irmãos a se amarem como uma mãe ama seu filho, porque qualquer outra coisa pode se tornar um egocentrismo. Para ser compassivo, é preciso relacionar-se com os outros e vê-los como um espelho de si mesmo; portanto, é algo intimamente ligado à contemplação. Estudos recentes sobre o cérebro mostraram que a compaixão pode estar fisicamente conectada ao cérebro. Estamos programados para responder e ajudar outras pessoas necessitadas. Alguns cientistas sugerem que o cérebro seja dotado de neurônios-espelho. Quando encontramos uma pessoa em necessidade ou angústia ou imaginamos como é sua experiência, nossos neurônios detectam a

---

146 PANIKKAR, R. "The end of history: the threefold structure of human time--consciousness". In: KING, T.M. & SALMON, J.F. (orgs.). *Teilhard and the unity of knowledge*. Nova York: Paulist, 1983, p. 108.

dor no outro, e um sentimento de empatia nos impele a agir pelo bem-estar de outra pessoa, mesmo que isso nos seja custoso.

Dacher Keltner observa que as estruturas cerebrais envolvidas nas emoções positivas, como a compaixão, são mais plásticas e sujeitas a mudanças causadas por estímulos ambientais. Podemos pensar na compaixão como uma habilidade ou virtude de base biológica que pode ser cultivada no contexto apropriado[147]. Ambientes positivos que impõem um sentimento de amor e proteção aumentam a prática da compaixão, enquanto os ambientes negativos de hostilidade ou medo causam maior competição e agressividade às custas da compaixão. A chave, ao que parece, está na natureza relacional do próprio ser. Quando os relacionamentos positivos promovem um maior senso de identidade, a compaixão se mostra mais facilmente no desejo de manter o bem em si mesmo e nos outros. Quando os relacionamentos são negativos ou desconectados, o sentimento de isolamento ou o medo da perda impele a pessoa a competir agressivamente com os outros, aproveitando o bem do outro para o seu próprio benefício.

Às vezes, podemos estar tão preocupados conosco que ficamos cegos para o mundo ao nosso redor. Nossos corações endurecem com as camadas de egocentrismo com que os envolvemos. Como podemos abrir os corações endurecidos e acolher o Deus do vizinho sofredor em nosso meio?

A compaixão requer conversão porque, a menos que nos tornemos centrados no outro, em vez de nos centrarmos em nós mesmos, não podemos ver a verdade em nosso meio. A conversão fervorosa é a abertura à graça que permite que a pessoa esteja em casa consigo mesma, voltando-se do egocentrismo para o egocentrismo. A pala-

---

147 KELTNER, D. "The compassionate instinct". In: *Greater good: science of meaningful life*, 2004 [Disponível em: http://greatergood.berkeley.edu/article/item/the _compassionate_instinct/#].

vra grega para conversão, *metanoia*, significa "mudança de mentalidade", é uma nova maneira de ver a realidade. Francisco viu o tremendo mistério de Deus no leproso desfigurado; seu modo de vida era um encontro "de coração para coração". O envolvimento com o outro era, ao mesmo tempo, envolvimento com Deus. O foco de sua vida estava fora de si mesmo e voltado para o outro, um "estar com" em compaixão. Ele aprendeu a rezar com um olhar penetrante que podia ver a verdade da realidade. Seu ser contemplativo no mundo era um ser compassivo para os outros. Ao entrar compassivamente na experiência do outro, ele pôde ir além da aparência, descendo até a realidade, até a verdade do outro na contemplação.

Compaixão e paciência

Compaixão requer paciência. Frequentemente, fazemos exigências desnecessárias a nós mesmos e aos outros. Quando não estamos abertos à graça de Deus ou deixamos de vê-la nos eventos comuns da vida, podemos estabelecer expectativas irracionais para nós mesmos e para os outros. Queremos ser algo que Deus não conhece, e queremos que os outros sejam algo de que não são capazes. Deus não pode fazer nada por nós quando nos recusamos a permitir que Ele habite em nós. De certa forma, somos como zumbis que perambulam a consumir a terra com todos os seus recursos, inconscientes de outras criaturas vivas. Cobiçamos os bens alheios como se nos pertencessem. Criaturas egocêntricas são impacientes e intolerantes com os outros porque são intolerantes consigo mesmas. O próximo se torna um intruso, e a vida, um fardo. Quem vive só, morre só porque se recusa a amar.

A compaixão exige que deixemos as coisas fluírem e que deixemos Deus brilhar através da frágil matéria. É por isso que é difícil viver a compaixão nas redes. Como permitir que o sofrimento do outro penetre no coração quando o rosto humano é construído nos *pixels* de uma tela? Howard Rheingold afirma que "pessoas em comunidades virtuais [...] fazem quase tudo que as pessoas fazem na realidade, mas deixando seus corpos para trás"[148].

Hoje há algo de certo e de errado com relação às comunidades nas redes sociais. O coração anseia por se entregar, mas também teme que, ao se entregar, possa se machucar, ser pisoteado ou se perder. O meio artificial de um iPhone ou de um computador fornece um espaço seguro para compartilhar a vida sem ter de lidar com a rejeição. Como já discuti, a tecnologia nos une enquanto nos mantém separados. A pessoa humana pode ser capaz de atender às suas necessidades emocionais, espirituais e psicológicas na internet, mas será que alguém pode crescer como pessoa?

Ao controlarmos os relacionamentos, por exemplo, rejeitando nossos amigos no Facebook ou nos recusando a responder a e-mails ou telefonemas, não temos lugar para a graça da conversão porque não temos espaço para outras pessoas em nossas vidas. Podemos até tentar controlar nossos relacionamentos humanos, mas será que podemos controlar Deus? A tecnologia altera a relação Eu-Tu ao manipular a relação recorrendo a um meio artificial, um "isso" arbitrário. Em uma relação "Eu-Isso", escreve Richard Gaillardetz, objetivamos o mundo ao nosso redor, colocando tudo em categorias distintas e impondo ordem em nosso mundo. Na relação Eu-Tu, não buscamos objetivar o mundo, tornando-o acessível para manipulação e controle, colocando pessoas e coisas em suas respectivas categorias; em vez disso, nos movemos para o mundo em uma postura de atenção, tornando-nos presentes, vulneráveis e receptivos ao que o mundo tem a oferecer[149]. A tecnologia moderna remodelou nossa existência

---

148 RHEINGOLD, H. *Virtual community*: homesteading on the electronic frontier. Reading: Addison-Wesley, 1993, p. 3.

149 GAILLARDETZ, R.R. *Transforming our days*: finding god amidst the noise of modern life. Nova York: Crossroad, 2000, p. 57.

diária de maneiras que podem tornar difícil experimentar a graça de Deus na vida[150]. Podemos dizer que a perda de "sentimento" no coração da criação é uma perda do senso de mistério no coração da criação. Como não somos mais apanhados pelo mistério, não nos relacionamos mais com nada exterior como essencial para nós. Permanecer na criação com abertura para Deus requer uma visão piedosa e penetrante. Devemos ver as coisas como elas são em sua criação individual, cada qual amada exclusivamente por Deus. Só assim reconhecemos que o outro é o "lugar" em que encontramos Deus e a verdade de nós mesmos em Deus.

Mas esse tipo de visão penetrante requer tempo para se aprofundar. Uma mentalidade tecnológica não pode compreender que o "tempo morto" do qual a tecnologia moderna tenta nos livrar é frequentemente a arena da graça. Em sua participação no ciclo de palestras Madeleva, Kathleen Norris observou: "parece que, justamente quando a vida diária é mais insuportável [...], que o que está no íntimo irrompe, e eu percebo que o que parecia 'tempo morto' era na verdade um período de gestação"[151]. Em nossa obsessão febril de preencher nossas vidas com mais dispositivos que nos deem instantaneamente o que queremos, sem esforço ou compromisso, nós nos desligamos da dimensão da graça da vida comum?[152]

Desligar-se do mundo dos dispositivos artificiais e se envolver com o mundo corporificado da presença de Deus exige uma decisão consciente de perder tempo entre o comum e o mundano. Assim como os Pais e Mães do Deserto transformaram suas vidas em vasos de amor com o jejum, nós também precisamos de "ciberjejuns", períodos em que nos desligamos de qualquer tecnologia. Se o re-

---

150 Ibid., p. 11.

151 NORRIS, K. *The quotidian mysteries*: laundry, liturgy and "women's work". Nova York: Paulist, 1998, p. 10.

152 GAILLARDETZ, R.R. *Transforming our days*. Op. cit., p. 57.

lacionamento Eu-Tu fundamental está mudando para um relacionamento Eu-Isso por meio de dispositivos artificiais, então talvez a tecnologia esteja roubando nossa capacidade de compaixão ou nos roubar rambém a capacidade de amar. Quando deixamos de amar, deixamos de viver compassivamente para os pobres, a criação e o mundo ao nosso redor. Caímos na armadilha de uma cultura de consumo que inspira medo e desconfiança e, com isso, a necessidade de consumo excessivo, independentemente do custo disso para os outros. Como podemos recuperar a compaixão como uma força de ligação para a vida na Terra e a sustentabilidade do planeta? Como podemos reivindicar a comunidade como essencial para a personalidade?

O finado Thomas Berry dizia que precisamos de um novo tipo de orientação religiosa que deve emergir de nossa nova história do universo; uma nova experiência reveladora dentro do processo evolutivo que é, desde o início, um processo espiritual e também físico. Nós nascemos do Big Bang e evoluímos das estrelas e elementos do universo, unidos para formar as pessoas que somos.

Berry chama o universo de "comunidade sagrada primordial" e descreve uma nova era *ecozoica* emergente com base no que agora sabemos da história do nosso universo: (1) O universo é uma comunhão de sujeitos, não uma coleção de objetos. (2) A terra é uma realidade única que pode existir e sobreviver apenas em seu funcionamento integral. (3) A terra é um único dom; não há segunda chance. (4) O humano é derivado; a terra é primária. Todas as profissões devem ser realinhadas para refletir a primazia da terra. Precisamos de novos princípios éticos que reconheçam os males absolutos do *biocídio*, a morte dos sistemas de vida e do *geocídio,* ou seja, a morte do planeta. Berry clama por uma reorientação do ser religioso no mundo, para mudar nossa atenção da vida após a morte para esta vida, do espírito para a matéria, do céu para a terra, não para fundir o divino com o imanente, mas para ver o divino no imanente, na realidade terrena comum da matéria.

Berry foi influenciado pela obra de Teilhard de Chardin, para quem nada havia neste planeta que fosse profano. Vivemos em um meio divino onde cada criatura, pessoa, estrela e grão de areia está carregado com o Divino. Cristo penetra toda a matéria porque cada ser vivo carrega o peso do amor divino. Teilhard enfatizou que a realização do universo em Deus está na humanidade, já que somos a ponta crescente da direção da evolução. Portanto, é importante como despertamos para uma nova consciência da presença universal de Cristo, que é descoberta na própria autorrealização e plena maturidade em "estar com Cristo". Devemos procurar nos unir – em todos os aspectos de nossas vidas – uns com os outros e com as criaturas da terra. Essa união nos chama das existências isoladas para a comunidade. Devemos ir mais devagar, descobrir nossa relação essencial, ser pacientes e compassivos com todas as criaturas vivas e perceber que este é um planeta compartilhado com recursos finitos. Somos chamados a ver e amar solidários com toda a criação. Só assim a terra pode desfrutar de justiça e paz, o que significa relações corretas e amorosas com o mundo natural da boa criação de Deus.

A compaixão requer uma profundidade de alma, uma conexão da alma com a terra, uma natureza terrena de pessoa a pessoa e um fluxo de amor de coração a coração. Para evoluir para a plenitude de Cristo, devemos ser capazes de amar os frágeis, os que não podem ser amados, os enfermos e os coxos. O Corpo de Cristo se torna um quando nós mesmos criamos pontes de amor. A pessoa compassiva atravessa a ponte para a vida de outra pessoa, dizendo ao longo do caminho: "você não está sozinho, eu estou com você."

Meditação

Compaixão é outro nome para comunidade. É o espelho da relação que aceita a dor e a fraqueza do outro como suas. É uma expressão de amor que diz "você está ligado a mim".

Para reflexão

1) Reserve algum tempo para refletir sobre sua comunidade. A quem você está ligado e quem está ligado a você? Qual é o valor da comunidade em sua vida?

2) Seja voluntário em algum projeto comunitário que o desafie a deixar de lado suas próprias preocupações. Reserve um tempo para refletir sobre essa experiência. Como isso mudou sua percepção de si mesmo em relação aos outros?

3) Se você vive em comunidade (familiar ou religiosa), tente estar consciente das necessidades dos outros e refletir sobre seus esforços para ser compassivo.

4) Ore e reflita sobre as palavras de Jesus: "Pois onde dois ou três estiverem reunidos em meu nome, eu estarei no meio deles" (Mt 18,20).

10
Paixão

A compaixão precisa de paixão. Ela precisa do fogo ardente no íntimo do coração humano que não tema os terrores e maravilhas da vida. Se nos falta compaixão hoje, é porque provavelmente também nos falte paixão.

Em sua própria época, Jesus de Nazaré estava ciente de que a religião havia caído nas mãos de fanáticos políticos e que os corações que se voltavam para Deus esfriaram. "Eu vim para lançar fogo sobre a terra", exclamou, "e bem quisera que já estivesse a arder!" (Lc 12,49). Segundo Boaventura, Francisco de Assis "ardia" de amor pelo Crucificado, e queria ser mártir seguindo as pegadas de Cristo. Teilhard de Chardin falou do fogo do amor no coração do universo que ele viu emanando do Sagrado Coração de Cristo. Ele escreveu: "No início não havia frieza e escuridão, havia *Fogo*"[153]. O filósofo francês Albert Camus dizia que devemos "viver até as lágrimas", deixar a vida entrar e atiçar as brasas por dentro. No entanto, a maioria de nós tenta apagar os incêndios assim que eles aparecem. Temos medo de fogo. Não pode haver compaixão onde não há eros. "Somos disparados para a vida com uma loucura que vem dos deuses", escreve Ronald Rolheiser, "e essa energia é a raiz de todo amor, ódio, criatividade, alegria e

---

153 KING, T. *Teilhard's mass*: approaches to "The mass on the world". Mahwah: Paulist, 2005, p. 147.

tristeza"[154]. Eros é o desejo ou o anseio intenso por outro. O escritor místico do século VI, Pseudo-Dionísio, afirmava que todo o cosmos era erótico. Isso pode nos surpreender, mas São Paulo descreveu o anseio da criação por sua realização como um gemido: "Pois sabemos que toda a criação geme e sofre como que dores de parto até o presente dia" (Rm 8,22). De onde surge esse anseio? Para o Pseudo-Dionísio é do próprio Bem divino. Toda a manifestação do amor divino no universo é o anseio de Deus para que o cerne da matéria se torne o próprio amor. Toda a criação "clama pela perfeição", dizia Boaventura; todo ser vivo anseia por sua realização.

Esse anseio da matéria pelo espírito nos fala da sexualidade no âmago da vida cósmica. Rolheiser explica que a palavra *sexo* tem uma raiz latina, o verbo *secare*. Em latim *secare* significa (literalmente) "cortar", "separar", "amputar". Ser "sexuado" significa literalmente ser cortado, separado, amputado do todo[155]. Um universo sexual é aquele separado do todo e que anseia por sua conclusão. A santidade da matéria é seu anseio por união espiritual.

O corpo também é sagrado em seu anseio por união espiritual. No entanto, negamos ao corpo sua voz clamando na dor do anseio, da mesma forma que negamos à matéria seu anseio por união espiritual. Fizemos da paixão um ideal platônico e do corpo um objeto inerte de controle e manipulação. Não reconhecemos mais a verdadeira paixão como a matéria de que as estrelas e a lua são feitas ou "o amor que move o Sol e as outras estrelas", como escreveu Dante[156]. A alma vagueia por ideais platônicos e o corpo tornou-se vítima do consumismo. Perdemos a paixão porque perdemos o sentido da pessoa humana como um ser erótico que anseia pela totalidade na

---

154 ROLHEISER, R. *The holy longing*: the search for a Christian spirituality. Nova York: Doubleday, 1999, p. 192.

155 ROLHEISER, R. *The holy longing*. Op. cit., p. 193.

156 DANTE ALIGHIERI. *Divina commedia*, Paraíso, canto XXXIII, 145.

união com o outro. O eros se tornou uma mercadoria de consumo em uma cultura sexual altamente carregada. Em vez de o eros evocar os desejos mais profundos da vida cósmica e humana, ele foi reduzido a tudo o que há de inferior em nós. Não é de se admirar que parceiros sexuais robotizados estejam no horizonte de muita gente. Sem o corpo cheio de coração, não podemos amar. Quando perdemos o fogo da alma dentro de nós, perdemos o gosto pela vida e nos perdemos em um mundo de ideias, cegos para a pessoa humana, como se só as ideias pudessem nos satisfazer.

Francisco foi um homem apaixonado e também compassivo. O *Espelho da Perfeição* afirma que Francisco amou o fogo com um afeto singular por sua beleza e utilidade. Conta-se a história de uma vez que Francisco estava sentado perto de uma lareira e suas calças pegaram fogo. Embora sentisse o calor do fogo, não queria apagá-lo. Seu companheiro queria apagar as chamas, mas Francisco lhe pediu que não machucasse o Irmão Fogo. O irmão apagou as chamas com água, mas o fez contra a vontade de Francisco (EP 116)[157]. O fogo era uma imagem da vida de Francisco e ele ardia com um zelo profundo e desenfreado que às vezes beirava o dramático, se não insano.

Mas o fogo de Francisco estava impregnado de amor. Ele amava profundamente, especialmente sua alma gêmea, Clara de Assis. Há uma história de Francisco e Clara na Porciúncula, a igrejinha onde começou o movimento franciscano. A história transmite o vínculo da paixão entre os dois santos que rezavam na Porciúncula. De acordo com a história, os moradores locais viram um grande incêndio saindo da Porciúncula e correram para apagá-lo. Ao entrarem na igreja para apagar o fogo, encontraram os dois santos extasiados em contemplação, duas almas presas em uma única chama de amor (Fior 15)[158].

---

157 *Fontes*, p. 1.109.

158 *Fontes*, p. 1.512-1.524.

O fogo, como a paixão, é assustador, aterrador, iluminador e transformador. A pessoa que teme o fogo provavelmente também teme a paixão. Mas o que tememos? Por que nos falta a paixão necessária hoje para transformar o mundo, para viver corajosamente no amor? Acho que temos medo de nos perdermos; se nos lançarmos no fogo do amor consumidor, nada de nós permanecerá. Não *acreditamos* na vida após a morte. É preciso *acreditar* em um poder maior do que você mesmo no coração da vida para perder a vida no fogo da paixão. Jesus de Nazaré foi consumido pelo amor do Pai e confiou nesse amor quando foi traído no Jardim do Getsêmani. Essa confiança atingiu o seu ápice radical não na experiência sentida da presença do Pai, mas na ruptura radical do abandono na cruz: "Meu Deus, meu Deus, por que me abandonaste?" (Mt 27,46). Ele não podia fazer outra coisa senão render-se ao amor e, por meio de sua morte, uma nova criação nasceu.

A confiança em Deus requer não a experiência sentida de Deus, mas a entrega da vida a Deus nas trevas e no silêncio, percebendo que a vida não é sua, mas pertence inteiramente a Deus. Francisco *confiou* na força do amor de Deus presente nos pobres, nos leprosos, nos doentes e nas criaturas simples da vida. Ele se entregou a esse poder como alguém completamente abraçado pelo amor. Por meio do fogo que consumiu seu ego, Francisco deu à luz um ser mais profundo no amor; ele nasceu de novo, e esse nascimento foi um novo Francisco em quem ficou visível o rosto de Cristo.

A energia do amor

No século XX, Teilhard de Chardin falou sobre o aproveitamento das energias do amor como uma nova descoberta do fogo: "Chegará o dia em que, depois de dominar o éter, os ventos, as marés, a gravitação, dominaremos para Deus as energias do amor. E, naquele dia, pela segunda vez na história do mundo, o homem terá descoberto o fogo"[159]. Por meio da superconvergência de energias, Teilhard de Chardin viu o nascimento de Cristo, a unidade de todas as coisas no amor, como a meta do universo. Se realmente acreditamos que a matéria é sagrada, devemos agir para tornar Cristo vivo como unidade em amor. A compaixão é o amor que inflama; ressuscita os mortos para a vida e renova o poder do amor.

Para ter compaixão, é preciso crer no poder do amor. Atualmente, o fogo da compaixão é bruxuleante porque não acreditamos que o amor pode transformar a terra em céu. Nossa cultura está tão acostumada com a ideia platônica de que o céu é um lugar puramente espiritual que temos uma estranha nova mentalidade apocalíptica no século XXI: o medo de que o nada nos aguarde após esta vida terrena ou de que o céu seja um lugar que devemos merecer.

Não acreditamos que esta terra seja capaz de se tornar uma nova criação porque não acreditamos que esta criação terrestre, na verdade todo o universo, seja cheia de Deus. Nosso amor é fraco e egocêntrico porque nosso conceito de Deus é vago e abstrato. O céu não é um lugar de espíritos desencarnados, mas um abraço de amor que transforma esta vida terrena atual na presença divina de amor duradouro. O céu é este mundo visto claramente.

A compaixão une os fragmentos da vida, transformando os fragmentos em todos e formando novas criações. Cada ato de amor é um novo começo, uma nova criação. Viver com compaixão é acreditar em um amor maior do que nós, mas intimamente presente em nós, um amor visível nas árvores, nos riachos, nas nuvens, nos pobres, nos descrentes e em todos que compartilham a vida que é a nossa vida – um amor que nos interiga a todos, juntos, sem restrições. Devemos acreditar que cada pessoa é capaz de ser transformada pelo amor, que cada árvore, flor, animal, criatura viva, pedras, a

---

159 TEILHARD DE CHARDIN, P. *Toward the future*. Nova York: Harcourt, 1973, p. 86-87.

areia, o céu – tudo é capaz de ser transformado pelo amor. E que, quando tudo estiver unido por um fio luminoso de amor, Cristo será visível no universo.

No popular livro *A última grande lição: você já teve um professor de verdade?* (Sextante, 2018), Mitch Albom conta sobre sua reunião com seu professor de Sociologia depois de vê-lo na televisão falando sobre sua luta contra a esclerose lateral amiotrófica, a doença de Lou Gehrig. Mitch contata seu amado professor e viaja de sua casa em Detroit para a casa do Professor Morrie em West Newton, Massachusetts. Professor e aluno se reúnem, e Mitch começa a visitar seu professor toda terça-feira, cuidando dele e ouvindo suas ideias sobre a vida. Seus encontros se tornam uma celebração da vida, da amizade e da família. Morrie aconselha Mitch a rejeitar a cultura popular baseada em ganância, egoísmo e superficialidade e a criar sua própria cultura baseada em amor, aceitação e bondade humana, uma cultura que defende um conjunto de valores éticos que promovem a vida. O poder da vida frágil de Morrie para transformar a vida de seu aluno é um exemplo poderoso de compaixão e conversão. Após a morte de Morrie, Mitch se reúne com seu irmão afastado, que sofre de câncer. Ele aprendeu a maior lição da vida – que o amor é mais forte do que a morte.

Lições da ciência

Como seres humanos e sociedades, parecemos separados, mas em nossas raízes fazemos parte de um todo indivisível e compartilhamos do mesmo processo cósmico. Cada estrutura relativamente autônoma e estável deve ser entendida não como algo independente e permanentemente existente, mas sim como um produto que se formou em todo o movimento que flui[160]. O relacionamento pre-

---

160 SHARPE, K.J. "Relating the physics and religion of David Bohm". In: *Zygon*, 25, 1990, p. 105-122.

valece sobre a autonomia quando o bem-estar do outro é mais importante do que o de si mesmo; uma consciência de relacionamento imanente. Francisco sentia os sofrimentos dos pobres como seus e os amava como a própria imagem de Cristo. Seu mundo era muito maior do que ele porque estava enraizado no amor divino. Ele *acreditava* que Deus estava totalmente presente, intimamente unido à carne fraca e frágil e que toda a vida criada era capaz de glorificar a Deus em sua realidade presente. Ele acreditava que a compaixão poderia transformar a terra em céu, e esta terra transformada em céu seria o Corpo de Cristo.

Ao discutir o papel da pessoa humana na criação, Boaventura afirmava que o humano é aquele que compartilha da materialidade do mundo por meio do corpo e que tem uma natureza espiritual inteligente aberta à união com Deus. A maneira como nos relacionamos com Deus e uns com os outros tem profundos efeitos; nossas ações influenciam toda a criação. Quando o eros encontra seu objetivo fecundo, pode incendiar o mundo. Basta refletir sobre o eros de Mahatma Gandhi, Martin Luther King ou Madre Teresa que atuaram em nosso tempo.

Da mesma forma, a compaixão inflamada pelo eros tem o poder de transformar corações de pedra em corações de carne. Temos o poder de ajudar a criar um mundo de paz. Temos o poder de sanar divisões, curar feridas e alegrar os corações humanos. Temos o poder de criar um planeta sustentável, mas temos paixão para tanto? Devemos amar porque o amor une; o amor é o fogo que move o coração da evolução.

Não podemos substituir o rosto humano por uma ideia ou um número. Não podemos substituir prados e campos por *shoppings* sem destruir a comunidade. Não podemos consumir qualquer coisa viva sem arcar com o custo de nossas ações e ou pesar o custo do amor. Devemos começar a amar de uma nova maneira. Precisamos de um recomeço compassivo. John O'Donohue escreve: "Por vezes o maior desafio é realmente começar; há algo profundo em nós que conspira com o que quer permanecer dentro de fronteiras seguras e permanecer o mesmo"[161]. Devemos depositar uma profunda confiança no ato de começar. "Não pode haver crescimento se não permanecermos abertos e vulneráveis ao novo e ao diferente"[162]. A Terra é uma comunidade que morre de vontade de viver, e cada pessoa humana morre de vontade de amar. Se deixarmos de amar de novo, de construir a terra, então suportaremos sua revolta, como escreveu Boaventura:

> Portanto, qualquer pessoa que não seja iluminada por tais grandes esplendores nas coisas criadas é cega. Qualquer pessoa que não seja despertada por tantos clamores é surda. Qualquer um que não seja levado por tais efeitos a louvar a Deus é mudo. Qualquer um que não recorrer ao Primeiro Princípio como resultado de tais sinais é um tolo. Portanto, abre teus olhos; alerta teus ouvidos espirituais; abre teus lábios e aplica teu coração para que em todas as criaturas possas ver, ouvir, louvar, amar e adorar, engrandecer e honrar o teu Deus, para que o mundo inteiro não se levante contra ti[163].

Meditação

A compaixão é o espírito de amor que une onde há corações partidos; é o poder de transformar corações de pedra em corações de carne.

---

161 O'DONOHUE, J. *To bless the space between us*. Op. cit., p. 3.

162 Ibid., p. 2.

163 BONAVENTURA. *Itinerarium mentis in Deum* 1.15. (St. Bonaventure: Franciscan Institute Publications, 2002, p. 61).

Para reflexão

1) Reserve algum tempo para refletir sobre o que despertou sua paixão. Escreva a sua experiência dessa paixão. Em seguida, reflita sobre áreas de sua vida em que falta paixão. Escreva as dificuldades dessas áreas. De que forma você pode redirecionar o eros em sua vida?

2) Considere as palavras de Jesus: "Eu vim para lançar fogo sobre a terra", exclamou, "e bem quisera que já estivesse a arder!" (Lc 12,49). O que essa passagem lhe diz? Como discípulo de Jesus, que tipo de fogo você está trazendo a esta terra?

3) Reflita sobre a relação entre paixão e compaixão; como ambas se relacionam em sua vida?

4) Reflita sobre os momentos de sua vida em que você experimentou o sofrimento. Esse sofrimento fez com que você se abrisse para o amor ou fez com que você se retirasse para dentro de si? É possível perceber o vínculo entre sofrimento e amor?

5) Clara de Assis inspirou-se nesta passagem do Livro das Lamentações: "Olhai e vede se há dor igual à minha" (1,12). Ela a usava ao orar diante do espelho da cruz. Como essa lamentação fala com você? Que lugar você ocupa na Paixão de Cristo e onde você vê Deus?

Conclusão

Há uma história que Jesus nos conta no Evangelho Segundo Lucas que abrange o significado de compaixão, conforme tentei explorá-la neste livro. Na parábola, um sacerdote e um levita passam ao lado de uma vítima abandonada à beira da estrada. Cada um deles a vê, mas nenhum se move para ajudar; em vez disso, cada um deles passa para o outro lado da estrada para evitar o contato com a vítima (cf. Lc 10,31-32). O samaritano, porém, ao passar, vê a vítima não como um obstáculo em seu caminho ou um motivo de curiosidade, mas como alguém que necessita da sua ajuda (cf. Lc 10,33). A compaixão do samaritano não é um sentimentalismo fugaz, mas o surgimento de um cuidado profundo na identificação com o outro, um "ver" que o move para essa identificação. Howard Gray explica:

> A compaixão é uma identificação afetiva com a situação humana do outro – neste caso, com aquele que vive todo tipo de dor e abandono, de vulnerabilidade e humilhação; é reconhecer a solidariedade no sofrimento e na dor humana. A compaixão vem de um coração acolhedor; ela não vem de algum comando e deve ser cautelosa com manipulação e trapaça. É exatamente por isso que a parábola é tão engenhosa. A vítima não dramatiza sua situação, ela simplesmente *está* em sua situação. O samaritano se oferece à vítima como corresponsável por sua situação. Ele não dá "coisas" à vítima; ele não faz algo *pela* vítima. Em vez dis-

so, o samaritano dá o que são símbolos de sua própria humanidade: sua presença ("ele foi até ele"); suas próprias roupas ("ele fez curativos em suas feridas", dando a entender que o samaritano rasgou suas próprias roupas para fazer as faixas); seus suprimentos ("tendo derramado óleo e vinho sobre eles" [as feridas]); seus esforços físicos, tempo e dinheiro ("ele o colocou em seu próprio animal, o trouxe para uma pousada e cuidou dele"). Nessas ações, não é que o samaritano tenha descoberto o estranho, mas ele assumiu o estranho como sua preocupação e sua responsabilidade. Ele não apenas serve à vítima, mas a traz para sua vida. O samaritano funde sua vida com a do estranho ferido[164].

Onde estamos nessa história do bom samaritano? De que lado da estrada viajamos? Francisco de Assis já foi o levita que passava pelas vítimas do sofrimento, os leprosos, e então cruzou a estrada para se tornar não apenas o bom samaritano, mas o próprio leproso. Em Francisco, o bom samaritano e o leproso se tornaram um.

Não foi uma travessia fácil, e Francisco teve de perseverar nas dificuldades da conversão, de voltar do egocentrismo para o egocentrismo. O que tornou possível sua volta foi o encontro com Deus no Cristo crucificado. Ele viu que Deus aparece naquilo que é fraco, frágil e rejeitado por muitos. Ele conheceu esse Deus humilde e amoroso dentro de si. Deus o amou e o abraçou apesar de sua própria fragilidade. Esse ato de conhecer Deus dentro de si é o ponto de partida para conhecê-lo nos outros, em seu verdadeiro ser. Não existe um Deus "lá fora" que não esteja em primeiro lugar no coração humano.

Ao conhecer Deus mais profundamente por meio da oração, da meditação e de longos períodos de solidão, Francisco percebeu que

---

164 GREY, H. "Putting the human back into transhumanism". In: HAUGHEY, J.C. & DELIO, I. (orgs.). *Humanity on the threshold:* religious perspectives on transhumanism. Washington: Woodstock Theological Center, Georgetown University, p. 97-100 [Christian Philosophical Studies, VI].

não estava sozinho neste mundo; ele foi criado por Deus e sua vida tinha um significado e um propósito em Deus. Chegar a esse conhecimento permitiu-lhe afrouxar as rédeas de sua vida; ele estava em casa, em sua própria pele, e, estando em casa consigo mesmo, poderia se abrir para o amor. A compaixão floresceu na vida de Francisco como uma semente no solo recém-cultivado. O amor amoleceu seu coração para sentir como sua a dor dos outros. Essa dor passou a ser sua, da mesma forma que nossa dor pertence a Deus. Ele mostrou paciência e bondade para com aqueles que sofriam porque sentia algo de seu próprio sofrer no sofrimento deles.

A compaixão acontece quando percebemos que nos relacionamos uns com os outros; essa é uma relação profunda de nossa humanidade, apesar de nossas limitações; ela ultrapassa as diferenças que nos separam e entra no espaço compartilhado do ser criado. Entrar nesse espaço é ter espaço dentro de nós mesmos, é acolher em nossas vidas o diferente, o desconhecido, o marginalizado e o pobre. O amor é mais forte do que a morte; e o coração que não tem mais medo da morte é verdadeiramente livre. A compaixão floresce quando não temos nada para proteger e tudo para compartilhar. É a lei da gravidade de todos os seres vivos que une tudo o que é fraco e limitado em um único oceano de amor.

Temos a capacidade de curar esta terra de suas divisões, suas guerras, sua violência e seus ódios. Essa capacidade é o amor dentro de nós de sofrer com o outro e amar o outro sem recompensa. O amor que transcende o ego é o amor que cura. Quando nos perdemos por causa do amor, descobrimo-nos capazes de um amor verdadeiro. A compaixão flui melhor de um coração aberto, livre e profundamente apaixonado pela vida. Ela se eleva acima do indivíduo e anseia pela unidade de coração.

A compaixão não conhece outra linguagem senão a do amor. Vamos aprender essa linguagem e falar em alta voz por meio de nossas mãos, pés e olhos, pois a compaixão pode dar origem à nova criação.

Oração de encerramento

Deus de bondade transbordante, desde o início dos tempos, Tu te revelas em toda a criação. Do Big Bang à convergência das galáxias, das estrelas distantes a esta Terra, nossa casa, nunca paraste de nos plasmar e modelar, impelindo-nos para a vida. Estamos realmente maravilhados com a obra de tuas mãos e pela vida de Jesus, reflexo de teu esplendor. Somos abençoados pelo dom da autoconsciência que nos deste. Ajuda-nos a ter presente que somos o universo autoconsciente e que somos irmãos e irmãs de toda a criação. Abre-nos os corações para receber o dom da vida que vem a nós todos os dias do sol, das estrelas, da vida vegetal, da vida animal e dos dons únicos de cada pessoa humana. Conduze-nos gentilmente nesta jornada cósmica para que nos tornemos a plenitude de Cristo que é a nossa paz. Amém.

Sobre a autora

Ilia Delio é uma autora-chave na tradição intelectual franciscana e uma voz espiritual reconhecida atualmente como alguém que pode iluminar aspectos críticos da fé cristã usando sua erudição como base para suas percepções. Pesquisadora-sênior do Woodstock Theological Center, da Universidade de Georgetown, onde se concentra nas áreas de ciência e religião, Ilia está atualmente envolvida em projetos de pesquisa sobre transumanismo, tecnologia e evolução, ecologia e educação. Em 2000, recebeu um prêmio do curso Templeton em ciência e religião. É autora de vários livros, incluindo *Franciscan prayer* [Oração franciscana], *The humility of God: a Franciscan perspective* [A humildade de Deus: uma perspectiva franciscana] e *Care for creation: a Franciscan spirituality of the Earth* [Cuidado com a criação: uma espiritualidade franciscana da Terra] (com Keith Douglass Warner e Pamela Wood), premiados duas vezes pela Catholic Press Book Awards em 2009.

Leia também!

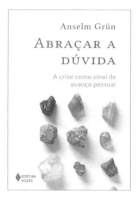

Conecte-se conosco:

 facebook.com/editoravozes

 @editoravozes

 @editora_vozes

 youtube.com/editoravozes

 +55 24 2233-9033

www.vozes.com.br

Conheça nossas lojas:

www.livrariavozes.com.br

Belo Horizonte – Brasília – Campinas – Cuiabá – Curitiba
Fortaleza – Juiz de Fora – Petrópolis – Recife – São Paulo

  Vozes de Bolso

EDITORA VOZES LTDA.
Rua Frei Luís, 100 – Centro – Cep 25689-900 – Petrópolis, RJ
Tel.: (24) 2233-9000 – E-mail: vendas@vozes.com.br